村集体经济组织会计
农村集体"三资"管理
农民专业合作社会计

姜龙 刘凯声 张洪波 主编

中国财经出版传媒集团
中国财政经济出版社

图书在版编目（CIP）数据

村集体经济组织会计　农村集体"三资"管理　农民专业合作社会计／姜龙，刘凯声，张洪波主编．－－北京：中国财政经济出版社，2020.12（2023.12重印）

ISBN 978－7－5223－0164－8

Ⅰ.①村… Ⅱ.①姜… ②刘… ③张… Ⅲ.①农业合作组织－农业会计－中国 ②农村－集体资产管理－中国 Ⅵ.①F302.6

中国版本图书馆 CIP 数据核字（2020）第 224633 号

责任编辑：张　莹　　　　　责任校对：徐艳丽
封面设计：陈宇琰

村集体经济组织会计　农村集体"三资"管理　农民专业合作社会计
CUNJITI JINGJI ZUZHI KUAI JI　NONGCUN JITI "SANZI" GUANLI
NONGMIN ZHUANYE HEZUOSHE KUAI JI

中国财政经济出版社 出版

URL: http://www.cfeph.cn

E-mail: cfeph@cfeph.cn

（版权所有　翻印必究）

社址：北京市海淀区阜成路甲 28 号　邮政编码：100142
营销中心电话：010－88191522
天猫网店：中国财政经济出版社旗舰店
网址：https://zgczjjcbs.tmall.com
北京财经印刷厂印刷　各地新华书店经销
成品尺寸：170mm×240mm　16 开　18.25 印张　298 000 字
2020 年 12 月第 1 版　2023 年 12 月北京第 3 次印刷
定价：56.00 元
ISBN 978－7－5223－0164－8
（图书出现印装问题，本社负责调换，电话：010－88190548）
本社质量投诉电话：010－88190744
打击盗版举报热线：010－88191661　　QQ：2242791300

编委会

主　　编：姜　龙　刘凯声　张洪波

副 主 编：潘学兵　王　红　许晓莉

　　　　　房　梅　刘　涛　李　婷

编写人员（按姓氏笔画为序）：

　　　　　于　珂　王晓红　王　梅　刘发元

　　　　　吴化利　张冠军　张家福　邵文龙

　　　　　高桂政　韩　方　韩　勇

前　言

《村集体经济组织会计 农村集体"三资"管理 农民专业合作社会计》教材，内容由村集体经济组织会计、农村集体"三资"管理和农民专业合作社会计三部分组成。

第一部分村集体经济组织会计，是为适应农村集体经济组织以从事经济发展为主，同时兼有一定社区管理职能的实际情况，全面核算、反映村集体经济组织经营活动和社区管理的财务收支，做好村务公开和民主管理，加强村集体经济组织的会计工作，规范村集体经济组织的会计核算编写。村集体经济组织会计主要包括村集体经济组织会计概论、核算基础、资产的核算、负债的核算、所有者权益的核算、损益的核算、会计报表和会计档案、会计组织管理。

第二部分农村集体"三资"（即资金、资产、资源）管理，是为了进一步规范农村集体"三资"管理，保障群众的合法权益，维护社会的和谐与稳定编写。农村集体"三资"管理主要包括农村集体经济组织"三资"管理概述和农村集体"三资"管理等内容。

第三部分农民专业合作社会计，是为了规范农民专业合作社（以下简称"合作社"）会计工作，保护农民专业合作社及其成员的合法权益编写。农民专业合作社会计主要包括农民专业合作社概述、农民专业合作社会计概述、合作社资产的核算、合作社负债的核算、合作社的所有者权益的核算、合作社成本、损益的核算和会计报表的编制等内容。

期望对广大乡镇（办）财政和农业经管人员、农村代理记账会计、村报账员、村财务监督委员会成员和村干部提高政策理论水平和业务工作能力有所帮助。

由于我们水平有限，难免有疏漏和不足之处，欢迎提出宝贵意见和建议，以便进一步修订完善。

编者

2020 年 3 月 10 日

目 录

第一部分 村集体经济组织会计

第一章 村集体经济组织会计概论 ……………………………… （ 3 ）
    第一节 村集体经济组织会计概述 ………………………………… （ 3 ）
    第二节 村集体经济组织会计核算的一般要求 …………………… （ 5 ）

第二章 村集体经济组织会计核算基础 ………………………… （ 9 ）
    第一节 村集体经济组织会计要素与会计科目 …………………… （ 9 ）
    第二节 村集体经济组织会计等式与记账方法 …………………… （25）
    第三节 村集体经济组织会计凭证 ………………………………… （30）
    第四节 村集体经济组织会计账簿 ………………………………… （39）
    第五节 村集体经济组织账务处理程序 …………………………… （44）
    第六节 村集体经济组织财产清查 ………………………………… （46）

第三章 村集体经济组织资产的核算 …………………………… （51）
    第一节 村集体经济组织货币资金的核算 ………………………… （51）
    第二节 村集体经济组织应收款项的核算 ………………………… （56）
    第三节 村集体经济组织存货的核算 ……………………………… （58）
    第四节 村集体经济组织农业资产的核算 ………………………… （67）
    第五节 村集体经济组织对外投资的核算 ………………………… （76）
    第六节 村集体经济组织固定资产的核算 ………………………… （79）
    第七节 村集体经济组织无形资产的核算 ………………………… （88）

第四章 村集体经济组织负债的核算 …………………………… （91）
    第一节 村集体经济组织负债核算的基本要求 …………………… （91）
    第二节 村集体经济组织流动负债的核算 ………………………… （92）

第三节　村集体经济组织长期负债的核算 …………………………（98）
第五章　村集体经济组织所有者权益的核算 …………………………（104）
　　第一节　村集体经济组织所有者权益概述 …………………………（104）
　　第二节　村集体经济组织所有者权益的核算 ………………………（105）
第六章　村集体经济组织损益的核算 ……………………………………（113）
　　第一节　村集体经济组织收入的核算 ………………………………（113）
　　第二节　村集体经济组织成本费用的核算 …………………………（120）
　　第三节　村集体经济组织收益的核算 ………………………………（126）
第七章　村集体经济组织会计报表和会计档案 ………………………（130）
　　第一节　村集体经济组织会计报表 …………………………………（130）
　　第二节　村集体经济组织会计档案 …………………………………（140）
第八章　村集体经济组织会计工作管理 ………………………………（146）
　　第一节　村集体经济组织会计机构和会计人员 ……………………（146）
　　第二节　村集体经济组织的会计监督和内部会计管理制度 ………（149）

第二部分　农村集体"三资"管理

第九章　农村集体经济组织"三资"管理概述 ………………………（155）
　　第一节　农村集体"三资" ……………………………………………（155）
　　第二节　民主管理 ……………………………………………………（158）
第十章　农村集体"三资"管理 …………………………………………（160）
　　第一节　农村集体资金管理 …………………………………………（160）
　　第二节　农村集体资产管理 …………………………………………（168）
　　第三节　农村集体资源管理 …………………………………………（170）
　　第四节　村级财务预算编制 …………………………………………（176）
　　第五节　监督检查 ……………………………………………………（180）
　　第六节　进一步加强农村集体"三资"管理 …………………………（181）

第三部分　农民专业合作社会计

第十一章　农民专业合作社概述 …………………………………………（191）
　　第一节　农民专业合作社、农民专业合作社联合社 ………………（191）

第二节　合作社成员、组织机构 ………………………………（195）
　　第三节　财务管理、合并、分立、解散和清算 ………………（198）
　　第四节　会计凭证、会计账簿和会计档案 ……………………（200）
第十二章　农民专业合作社会计概述 ………………………………（203）
第十三章　合作社资产的核算 ………………………………………（210）
　　第一节　合作社流动资产的核算 ………………………………（210）
　　第二节　合作社对外投资的核算 ………………………………（221）
　　第三节　合作社的农业资产的核算 ……………………………（223）
　　第四节　合作社固定资产和累计折旧的核算 …………………（232）
　　第五节　合作社在建工程和固定资产清理的核算 ……………（236）
　　第六节　固定资产核算举例 ……………………………………（239）
　　第七节　合作社无形资产的核算 ………………………………（244）
第十四章　合作社负债的核算 ………………………………………（247）
　　第一节　合作社流动负债的核算 ………………………………（247）
　　第二节　合作社长期负债的核算 ………………………………（251）
第十五章　合作社的所有者权益的核算 ……………………………（254）
　　第一节　合作社股金、专项基金、资本公积的核算 …………（254）
　　第二节　合作社盈余公积、本年盈余、未分配盈余的核算 …（258）
第十六章　合作社成本、损益的核算 ………………………………（263）
　　第一节　合作社成本、收入的核算 ……………………………（263）
　　第二节　合作社支出的核算 ……………………………………（266）
第十七章　会计报表 …………………………………………………（270）
　　第一节　资产负债表 ……………………………………………（270）
　　第二节　盈余及盈余分配表 ……………………………………（274）
　　第三节　成员权益变动表 ………………………………………（276）
　　第四节　成员账户和财务状况说明书 …………………………（278）

第一部分
村集体经济组织会计

第一章

第一章

村集体经济组织会计概论

第一节 村集体经济组织会计概述

一、村集体经济组织会计的概念

村集体经济组织是指按照村或村民小组设置的社区性集体经济组织。村集体经济组织会计是以货币为主要计量单位,运用专门方法,对村集体经济组织经济活动进行连续、系统、完整的核算和监督的一种管理活动。

二、村集体经济组织会计的职能

会计的职能是指会计在经济管理过程中所具有的功能。村集体经济组织会计的基本职能包括进行会计核算和实施会计监督两个方面。

(一) 会计核算职能

会计核算职能是指会计以货币为主要计量单位,通过确认、计量、记录和报告等环节,对村集体经济组织的经济活动进行记账、算账、报账,为有关各方提供会计信息的功能。

会计核算职能,具有下列基本特点:

1. 以货币为主要计量单位。以货币计量为主,以实物计量和劳动计量为辅助计量。

2. 以会计凭证为依据。会计的任何记录和计量都必须以会计凭证为依据，使会计信息具有真实性和可验证性。

3. 对已经发生的经济活动进行核算。会计核算主要是对已经发生的经济业务事项进行事中、事后的记录、计算、分析，通过加工处理后提供会计信息，反映村集体经济组织经济活动的现时情况和历史状况，满足有关各方对会计信息的需要；同时为村集体经济组织预测和分析经济前景、加强经营管理、进行正确决策和有效控制服务。

4. 具有完整性、连续性和系统性。会计核算要对村集体经济组织的资金运动无一遗漏地进行计量、记录和报告；对发生的经济业务事项的计量、记录和报告要连续进行，不得有任何中断；要采用专门的核算方法，分门别类地进行计量、记录和报告，提供系统的会计信息。

（二）会计监督职能

会计监督职能是指在进行会计核算的同时，对村集体经济组织经济活动和相关会计核算的真实性、合法性、合理性进行审查。

会计监督可分为事前、事中和事后监督。其监督的内容主要包括：分析会计核算资料、检查遵纪守法情况、评价活动成果、确定经营目标、调整计划等内容。通过会计监督职能正确地处理好国家与村集体经济组织关系，提高宏观经济效益和促进村集体经济组织改善经济管理水平，提高经济效益。

会计核算和会计监督二者相辅相成，不可分割。会计核算是会计监督的前提，而会计监督是会计核算的保证。如果没有可靠的、完整的会计核算资料，会计监督就没有客观依据；反之只有会计核算没有会计监督，会计核算也没有意义。

三、村集体经济组织会计对象与会计核算的具体内容

会计的对象是指会计所核算和监督的内容。村集体经济组织会计对象是指村集体经济组织能够以货币表现的经济活动，即村集体经济组织的价值运动或资金运动，包括资金投入、资金运用和资金退出等过程。

村集体经济组织发生的下列经济业务事项，应当及时办理会计手续，进行会计核算：

1. 款项和有价证券的收付;
2. 财物的收发、增减和使用;
3. 债权债务的发生和结算;
4. 净资产、基金的增减;
5. 收入、支出、费用、成本的计算;
6. 财务成果的计算和处理;
7. 其他需要办理会计手续、进行会计核算的事项。

第二节　村集体经济组织会计核算的一般要求

一、村集体经济组织会计核算标准

村集体经济组织应按《村集体经济组织会计制度》的规定，设置和使用会计科目，登记会计账簿，编制会计报表。

二、村集体经济组织会计核算依据

村集体经济组织必须根据实际发生的经济业务事项进行会计核算，编制财务会计报告，不得以虚假的交易事项或资料进行会计核算。以虚假的交易事项或资料为依据进行会计核算、编制财务会计报告，是一种严重的违法行为，将会受到法律的严厉制裁。

三、村集体经济组织会计记账方法

村集体经济组织会计采用借贷记账法。借贷记账法是以"借"和"贷"为记账符号，运用复式记账原理记账的一种复式记账方法。

四、村集体经济组织收入和支出的核算原则

村集体经济组织收入和支出的核算原则上采用权责发生制。权责发生

制亦称应计制，是指以权（应收）责（应付）的发生为标准来确认本期收入和费用。按照权责发生制原则，凡是本期已经实现的收入和已经发生或应当负担的费用，不论其款项是否已经收付，都应作为当期的收入和费用处理；凡是不属于当期的收入和费用，即使款项已经在当期收付，都不应作为当期的收入和费用。

收付实现制是与权责发生制相对应的一种会计基础，它是以收到或支付款项作为确认当期收入和费用的依据，目前我国主要在行政事业单位预算会计采用。

五、村集体经济组织会计年度

村集体经济组织会计年度采用公历制，自公历1月1日起至12月31日止为一个会计年度，会计核算以人民币"元"为金额单位，"元"以下填至"分"。

六、村集体经济组织会计核算方法

（一）设置账户

设置账户是对会计核算的具体内容进行分类核算和监督的一种专门方法。由于会计对象的具体内容是复杂多样的，要对其进行系统地核算和经常性监督，就必须对经济业务进行科学的分类，以便分门别类地、连续地记录，据以取得多种不同性质、符合经营管理所需要的信息和指标。

（二）复式记账

复式记账是对发生的每一项经济业务，都以相等的金额同时在两个或者两个以上互相联系的账户中进行登记的一种记账方法。采用复式记账方法，可以全面反映每一笔经济业务的来龙去脉，同时可以防止差错和便于检查账簿记录的正确性和完整性，是一种比较科学的记账方法。

（三）填制和审核凭证

会计凭证是记录经济业务，明确经济责任，据以登记账簿的书面证明。正确填制和审核会计凭证，是核算和监督经济活动财务收支的基础，是做好会计工作的前提。

（四）登记会计账簿

登记会计账簿简称记账，是以审核无误的会计凭证为依据，在账簿中分类、连续、完整地记录各项经济业务，以便为经济管理提供完整、系统的会计核算资料。账簿记录是重要的会计资料，是进行会计分析、会计检查的重要依据。

（五）成本计算

成本计算是按照一定对象归集和分配生产经营过程中发生的各种费用，以便确定该对象总成本和单位成本的一种专门方法。产品成本是综合反映村集体经济组织生产经营活动的一项重要指标。正确地进行成本计算，可以考核生产经营过程的费用支出水平，同时又是确定村集体经济组织盈亏和制定产品价格的基础，并为村集体经济组织进行经营决策，提供重要数据。

（六）财产清查

财产清查是指通过盘点实物，核对账目，以查明各项财产物资实有数额的一种专门方法。通过财产清查，可以提高会计记录的正确性，保证账实相符。同时，还可以查明各项财产物资的保管和使用情况以及各种结算款项的执行情况，以便对积压或损毁的物资和逾期未收回的款项，及时采取措施，进行清理和加强对财产物资的管理。

（七）编制会计报表

编制会计报表是以特定表格的形式，定期并总括地反映村集体经济组织的经营活动情况和结果的一种专门方法。会计报表主要以账簿中的记录为依据，经过一定形式的加工整理而产生一套完整的核算指标，用来考核、分析财务计划和预算执行情况以及编制下期财务和预算的重要依据。

以上会计核算的七种方法，是相辅相成的。它们构成了一个完整的会计核算方法体系。在会计核算中，应正确地运用这些方法。一般在经济业务发生后，按规定的手续填制和审核会计凭证，并应用复式记账法在有关账簿中进行登记；期末还要对生产经营过程中发生的费用进行成本计算和财产清查，在账证核对、账账核对、账实核对相符的基础上，根据账簿记录编制会计报表。

村集体经济组织会计核算工作程序如图1-1所示。

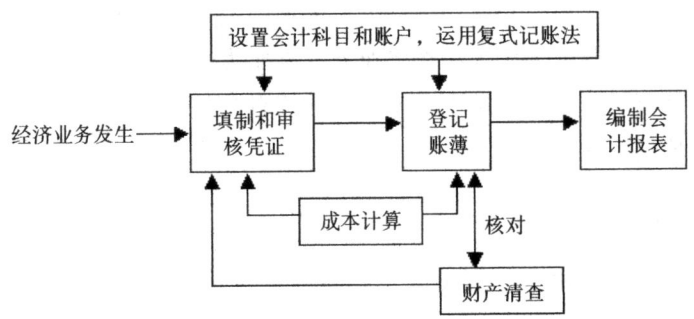

图1-1 村集体经济组织会计核算流程

第二章

村集体经济组织会计核算基础

第一节 村集体经济组织会计要素与会计科目

一、会计要素

会计要素是对会计对象进行的基本分类，是会计核算对象的具体化，是构成会计报表的基本因素，同时也是设置账户的依据。

村集体经济组织的会计要素分为资产、负债、所有者权益、收入、费用和收益。其中，资产、负债和所有者权益三项会计要素表现资金运动的相对静止状态，即反映村集体经济组织的财务状况；收入、费用和收益三项会计要素表现资金运动的显著变动状态，即反映村集体经济组织的经营成果。

（一）资产

资产是由过去的交易事项形成并由村集体经济组织拥有或控制的资源，该资源预期会给其带来经济利益。如村集体经济组织的现金、银行存款、农产品、林业产品、牲畜等，都可以为村集体经济组织带来经济利益，尽管它们的形式不同，但都是村集体经济组织的资产。

村集体经济组织的资产按其流动性分为流动资产和非流动资产。流动资产主要是指在一年或超过一年的一个营业周期内变现或耗用的资产，包括现金、银行存款、短期投资、应收款、库存物资等。非流动资产是指除流动资产以外的资产,包括农业资产、长期投资、固定资产和无形资产等。

村集体经济组织资产要素的内容如图2-1所示。

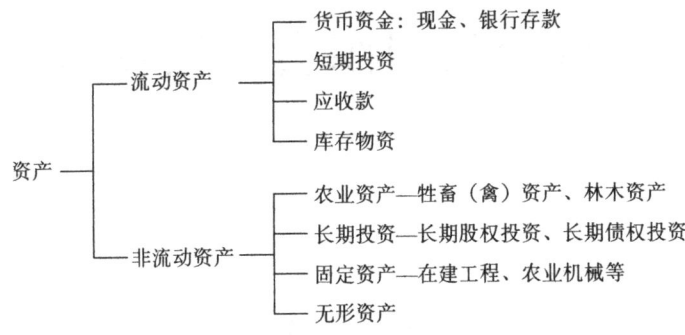

图2-1 资产要素构成

(二) 负债

负债是过去的交易事项形成的现时义务,履行该义务预期会导致经济利益流出村集体经济组织,如村集体经济组织的应付款、银行借款等。这些债务偿还时都会导致经济利益流出村集体经济组织。

村集体经济组织的负债按其流动性分为流动负债和非流动负债。流动负债主要是指预计在一年或超过一年的一个营业周期内应予以清偿的债务,包括短期借款、应付款、应付工资、应付福利费等。非流动负债是指除流动负债以外的负债,包括长期借款及应付款、一事一议资金、专项应付款等。

负债要素的内容如图2-2所示。

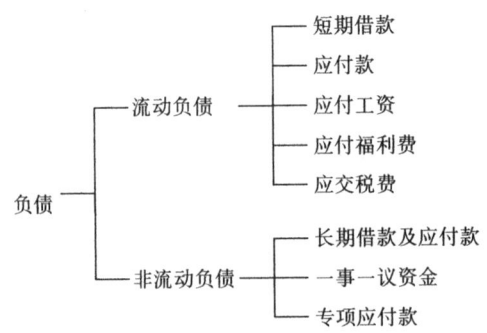

图2-2 负债要素构成

(三) 所有者权益

所有者权益是所有者在村集体经济组织资产中享有的经济利益，其金额为资产减去负债后的余额，包括资本、公积公益金和未分配收益等。

所有者权益要素的内容如图2-3所示。

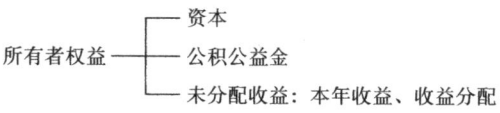

图2-3 所有者权益要素构成

(四) 收入

收入是村集体经济组织在销售商品、提供劳务和让渡资产使用权等日常活动以及政府补助等形成的经济利益的总流入，包括经营收入、发包及上交收入、补助收入和其他收入等。

收入要素的内容如图2-4所示。

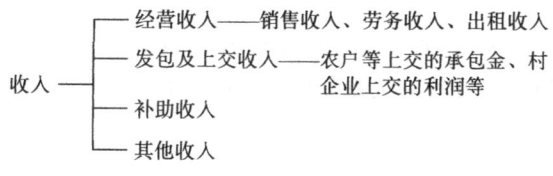

图2-4 收入要素构成

(五) 费用

费用是村集体经济组织为销售商品、提供劳务等日常经营活动所发生的各种经济利益的总流出，包括经营支出、管理费用和其他支出等。费用要素的内容如图2-5所示。

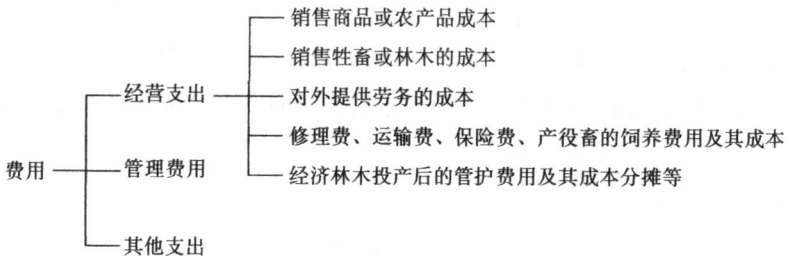

图2-5 费用要素构成

(六) 收益

收益是指村集体经济组织在一定会计期间的经营成果,是当年实现的各项收入扣除应由当年收入补偿的各项费用支出后的余额。

村集体经济组织收益包括经营收益及收益总额。经营收益是指经营收入加上发包及上交收入、投资收益,减去经营支出、管理费用后的金额。收益总额是指经营收益加上补助收入、其他收入,减去其他支出后的金额。即:

经营收益 = 经营收入 + 发包及上交收入 + 投资收益 − 经营支出 − 管理费用

收益总额 = 经营收益 + 补助收入 + 其他收入 − 其他支出

二、会计科目

(一) 会计科目的概念

会计科目是指对会计要素的具体内容进行分类核算的项目。会计对象、会计要素和会计科目的关系如图 2−6 所示。

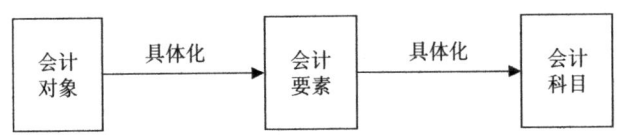

图 2−6　会计对象、会计要素、会计科目的关系

(二) 会计科目的分类

由于各会计要素具体内容的丰富多彩,会计核算中应设置和运用一定数量的会计科目。各个会计科目之间是相互联系、相互补充的,共同组成了一个完整的会计科目体系。为了便于对会计科目的掌握和运用,需要按一定标准对会计科目进行分类。

1. 会计科目按其归属的会计要素分类。

(1) 资产类科目:是对资产要素的具体内容进行分类核算的项目,按资产的流动性进一步分为反映流动资产的科目和反映非流动资产的科目。

（2）负债类科目：是对负债要素的具体内容进行分类核算的项目，按负债的偿还期限分为反映流动负债的科目和反映非流动负债的科目。

（3）所有者权益类科目：是对所有者权益要素的具体内容进行分类核算的项目，按所有者权益的形成和性质可分为反映资本的科目和反映留存收益的科目。

（4）成本类科目：是对产品、劳务成本的构成内容进行分类核算的项目，按成本的不同内容和性质可以分为反映制造成本的科目和反映劳务成本的科目，从会计要素的归属而言应属于资产要素。

（5）损益类科目：是对收入、费用要素的具体内容进行分类核算的项目，按损益的不同内容可以分为反映收入的科目和反映费用的科目。

2. 会计科目按提供信息的详细程度及其统驭关系分类。

（1）总分类科目，又称一级科目或总账科目，它是对会计要素具体内容进行总括分类、提供总括信息的会计科目；总分类科目反映各种经济业务的概括情况，是进行总分类核算的依据。

（2）明细分类科目，又称明细科目，是对总分类科目做进一步分类、提供更详细和更具体会计信息的科目。

总分类科目对其所属的明细分类科目具有统驭和控制的作用，而明细分类科目是对其所归属的总分类科目的补充和说明。在我国，总分类科目在国家统一会计制度中统一规定，明细分类科目除国家统一会计制度规定设置的以外，各单位可根据实际需要自行设置。

（三）会计科目的设置

1. 会计科目的设置原则。

（1）合法性原则：指所设置的会计科目应当符合国家统一的会计制度的规定。村集体经济组织应根据《村集体经济组织会计制度》的规定，设置和使用会计科目。

（2）相关性原则：指所设置的会计科目应当为提供有关各方所需要的会计信息服务，满足对外报告与对内管理的要求。

（3）实用性原则：指所设置的会计科目应符合单位自身特点，满足单位实际需要。

另外，会计科目要简明、适用，并要分类、编号。每一会计科目都应有特定的核算内容，在设置会计科目时，对每一会计科目的特定核算内容必须严格、明确地界定，不能混淆。会计科目的名称应与其核算内容相一致，并要含义明确、通俗易懂。村集体经济组织在填制会计凭证、登记会计账簿时，应当填列会计科目的名称，或者同时填列会计科目的名称和编号，不得只填会计科目编号，不填会计科目名称。

2. 村集体经济组织常用会计科目。

财政部于 2004 年 9 月 30 日印发的《村集体经济组织会计制度》中，制定了村集体经济组织通用的会计科目，其中常用的总账科目及相关明细科目的名称和编号见表 2-1 和表 2-2。

表 2-1 村集体经济组织总账科目名称和编号

顺序号	科目编号	科目名称
		一、资产类
1	101	现金
2	102	银行存款
3	111	短期投资
4	112	应收款
5	113	内部往来
6	121	库存物资
7	131	牲畜（禽）资产
8	132	林木资产
9	141	长期投资
10	151	固定资产
11	152	累计折旧
12	153	固定资产清理
13	154	在建工程
14	161	无形资产
		二、负债类
15	201	短期借款
16	202	应付款
17	211	应付工资
18	212	应付福利费
19	213	应交税费
20	221	长期借款及应付款
21	231	一事一议资金

续表

顺序号	科目编号	科目名称
22	241	专项应付款
		三、所有者权益类
23	301	资本
24	311	公积公益金
25	321	本年收益
26	322	收益分配
		四、成本类
27	401	生产（劳务）成本
		五、损益类
28	501	经营收入
29	502	经营支出
30	511	发包及上交收入
31	522	补助收入
32	531	其他收入
33	541	管理费用
34	551	其他支出
35	561	投资收益

有向所属单位拨付资金业务的，可增设"拨付所属单位资金"科目（科目编号171）。

表2-2　村集体经济组织总账科目和相关明细科目表

顺序号	科目编号	总账科目	二级明细账科目	三级明细账科目
		一、资产类		
1	101	现金		
	10101		人民币	
	10102		外币	
2	102	银行存款		
	10201		人民币	
	1020101			××金融机构
	10202		外币	
	1020201			××金融机构

续表

顺序号	科目编号	总账科目	二级明细账科目	三级明细账科目
3	111	短期投资		
	11101		股票投资	
	1110101			××股票
	11102		债券投资	
	1110201			××债券
			其他投资	
				××单位或个人
4	112	应收款		
	11201		单位	
	1120101			××单位
	11202		个人	
	1120201			××个人
5	113	内部往来		
	11301		单位	
	1130101			××单位
	11302		村民	
	1130201			××村民
6	121	库存物资		
	12101		××物资	
7	131	牲畜（禽）资产		
	13101		幼畜及育肥畜	
	1310101			猪或羊或鸡
	13102		产役畜	
	1310201			骡或马或牛或驴或骆驼或猪或羊或鸡鸭等
8	132	林木资产		
	13201		经济林木	
	1320101			××林木
	13202		非经济林木	
	1320201			××林木

续表

顺序号	科目编号	总账科目	二级明细账科目	三级明细账科目
9	141	长期投资		
	14101		股票投资	
	1410101			××股票
	14102		债券投资	
	1410201			××债券
	14103		其他投资	
	1410301			××单位或个人
10	151	固定资产		
	15101		房屋建筑物	
	1510101			××房屋
	15102		机器设备	
	1510201			××设备
	15103		运输设备	
	1510301			××设备
	15104		工具器具	
	1510401			××工具或器具
	15105		办公设备	
	1510501			××设备
	15106		其他设备	
	1510601			××设备
11	152	累计折旧		
	15201		房屋建筑物	
	1520101			××房屋
	15202		机器设备	
	1520201			××设备
	15203		运输设备	
	1520301			××设备
	15204		工具器具	
	1520401			××工具或器具
	15205		办公设备	
	1520501			××设备
	15206		其他设备	
	1520601			××设备

续表

顺序号	科目编号	总账科目	二级明细账科目	三级明细账科目
12	153	固定资产清理		
	15301		房屋建筑物	
	1530101			××房屋
	15302		机器设备	
	1530201			××设备
	15303		运输设备	
	1530301			××设备
	15304		工具器具	
	1530401			××工具或器具
	15305		办公设备	
	1530501			××设备
	15306		其他设备	
	1530601			××设备
13	154	在建工程		
	15401		××工程	
	1540101			设备费用
	1540102			材料费用
	1540103			人工费用
	1540104			其他费用
14	161	无形资产		
	16101		××技术或权利	
二、负债类				
15	201	短期借款		
	20101		××单位或个人	
16	202	应付款		
	20201		单位	
	2020101			××单位
	20202		个人	
	2020201			××个人
17	211	应付工资		
	21101		行政管理人员工资	
	2110101			工资

续表

顺序号	科目编号	总账科目	二级明细账科目	三级明细账科目
17	2110102			奖金
	2110103			津贴
	2110104			福利补助
	2110105			其他补助
	21102		生产（劳务）人员工资	
	2110201			工资
	2110202			奖金
	2110203			津贴
	2110204			福利补助
	2110205			其他补助
	21103		牲畜（禽）管理人员工资	
	2110301			工资
	2110302			奖金
	2110303			津贴
	2110304			福利补助
	2110305			其他补助
	21104		林木管理人员工资	
	2110401			工资
	2110402			奖金
	2110403			津贴
	2110404			福利补助
	2110405			其他补助
	21105		工程人员工资	
	2110501			工资
	2110502			奖金
	2110503			津贴
	2110504			福利补助
	2110505			其他补助
	21106		其他人员工资	
	2110601			工资
	2110602			奖金
	2110603			津贴
	2110604			福利补助
	2110605			其他补助

续表

顺序号	科目编号	总账科目	二级明细账科目	三级明细账科目
18	212	应付福利费		
	21201		文化教育支出	
	21202		卫生支出	
	21203		照顾烈军属支出	
	21204		照顾五保户支出	
	21205		照顾困难户支出	
	21206		计划生育支出	
	21207		村民因公伤亡医药费	
	21208		村民因公伤亡生活补助	
	21209		村民因公伤亡抚恤金	
	21210		其他福利支出	
	21211		提取额	
19	213	应交税费		
	21301		应交增值税	
	2130101			进项税额
	2130102			已交税额
	2130103			销项税额
	2130104			进项税额转出
	21302		应交城建税	
	21303		应交教育费附加	
	21304		应交地方教育费附加	
	21305		应交地方水利基金	
	21306		应交房产税	
	21307		应交土地使用税	
	21308		应交车船使用税	
	21309		应交个人所得税	
	21310		应交企业所得税	
	21311		应交环境保护税	
20	221	长期借款及应付款		
	22101		单位	
	2210101			××单位
	22102		个人	
	2210201			××个人

续表

顺序号	科目编号	总账科目	二级明细账科目	三级明细账科目
21	231	一事一议资金		
	23101		××项目	
22	241	专项应付款		
	24101		××项目或单位	
		三、所有者权益类		
23	301	资本		
	30101		国家资本金	
	3010101			××单位
	30102		法人资本金	
	3010201			××单位
	30103		个人资本金	
	3010301			××人
	30104		外商资本金	
	3010401			××单位或个人
24	311	公积公益金		
	31101		收益提取	
	31102		接受捐赠资产	
	31103		资产评估增值	
	31104		土地补偿费	
	31105		拍卖荒山使用权收入	
	31106		拍卖荒地使用权收入	
	31107		拍卖荒水使用权收入	
	31108		拍卖荒滩使用权收入	
	31109		其他	
	31110		转增资本金	
	31111		弥补亏损	
25	321	本年收益		
26	322	收益分配		
	32201		各项分配	
	3220101			应交所得税
	3220102			提取公积公益金
	3220103			提取福利费
	3220104			外来投资分利
	3220105			村民分配
	32202		未分配收益	

续表

顺序号	科目编号	总账科目	二级明细账科目	三级明细账科目
		四、成本类		
27	401	生产（劳务）成本		
	40101		××工业产品或农产品	
	4010101			直接材料
	4010102			直接人工
	4010103			制造费用
	40102		××劳务成本	
	4010201			直接材料
	4010202			直接人工
	4010203			制造费用
		五、损益类		
28	501	经营收入		
	50101		××经营项目	
29	502	经营支出		
	50201		××经营项目	
30	511	发包及上交收入		
	51101		承包金	
	5110101			××经营项目
	51102		企业上交利润	
	5110201			××经营项目
31	522	补助收入		
	52201		××项目	
32	531	其他收入		
	53101		罚款收入	
	53102		存款利息收入	
	53103		无法偿还的债务	
	53104		固定资产盘盈收入	
	53105		固定资产变价净收入	
	53106		库存物资盘盈收入	
	53107		其他杂项收入	

续表

顺序号	科目编号	总账科目	二级明细账科目	三级明细账科目
33	541	管理费用		
	54101		工资	
	54102		办公费	
	54103		差旅费	
	54104		招待费	
	54105		折旧费	
	54106		修理费	
	54107		交通费	
	54108		其他	
34	551	其他支出		
	55101		折旧费	
	55102		利息支出	
	55103		非常损失	
	55104		固定资产盘亏	
	55105		库存物资的盘亏	
	55106		防汛抢险支出	
	55107		坏账损失	
	55108		罚款支出	
	55109		其他支出	
35	561	投资收益		
	56101		股票投资收益	
	5610101			××股票投资收益
	56102		债券投资收益	
	5610201			××债券投资收益
	56103		其他投资收益	
	5610301			××单位或个人投资收益

三、会计账户

（一）账户的概念

账户是根据会计科目开设的、具有一定格式和结构，用于分类反映会计要素增减变动情况及其结果的载体。设置账户是会计核算的重要方法之一，实际工作中，会计账户的设置就是将一个个会计科目设在具有一定格式与结构的账页上，使其成为专门核算某项经济内容的专门载体。

（二）账户的基本结构

账户的结构是指账户用来记录经济业务事项时所必须具备的基本格式。由于经济业务事项的发生所引起的会计要素具体内容的变动，从数量上表现为增加和减少两种情况，所以账户的基本结构应包括增加和减少两部分。

账户的基本结构具体包括账户名称（会计科目）、记录经济业务的日期、所依据记账凭证的编号、经济业务事项内容摘要、增加金额、减少金额和余额等，如表2-3所示。

表2-3　　　　　　　　　账户名称（会计科目）

年		凭证		摘要	增加金额	减少金额	余额	
月	日	种类	号数				借/贷	金额

为了教学方便，在教材中一般用简化格式"T"型账户来说明账户的基本结构，如图2-7所示。

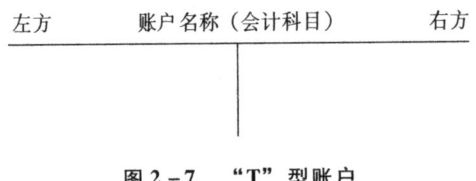

图2-7　"T"型账户

（三）账户与会计科目的关系

账户与会计科目是两个密切相关的概念，两者之间既有联系又有区别。

账户与会计科目的联系是：账户与会计科目都是对会计对象具体内容的科学分类，两者口径一致、性质相同。会计科目是账户的名称，也是设置账户的依据；账户是会计科目的具体运用。没有会计科目，账户就失去了设置的依据；没有账户，就无法发挥会计科目的作用。

账户与会计科目的区别是：会计科目是对会计对象具体内容进行分类核算的项目或标志，仅是账户的名称，不存在结构；而账户要连续、系统地记录会计要素具体内容的增减变动和结果，必须具有一定的格式和结构。

在实际工作中，由于账户与会计科目关系密切，往往不加严格区分，而是相互通用。

第二节 村集体经济组织会计等式与记账方法

一、会计等式

会计等式是反映各会计要素之间数量关系的公式。村集体经济组织各会计要素之间的数量关系构成了下列会计等式：

（一）资产 = 负债 + 所有者权益

该等式称为"会计基本等式"，也称"会计恒等式"，它反映资产、负债和所有者权益三个会计要素之间的基本数量关系，是复式记账法的理论基础，也是编制资产负债表的依据。

（二）收益 = 收入 – 费用

该等式反映了村集体经济组织一定时期内经营成果的形成过程，揭示了一定期间收入、费用和收益三个会计要素之间的关系，因此也称为动态会计等式，它是编制收益及分配表的基础。

（三）资产 + 费用 = 负债 + 所有者权益 + 收入

该等式是会计基本等式的扩展形式，它将会计要素有机结合起来，完整地反映了村集体经济组织的资金运动过程,揭示了资产负债表和收益及分配表要素相互之间的联系和依存关系。

二、借贷记账法

村集体经济组织会计记账采用借贷记账法。借贷记账法是以"借""贷"为记账符号,以会计基本等式为记账基础,对每一笔交易或事项都要在两个或两个以上互相联系的账户中以相等的金额进行登记,系统地反映资金运动变化结果的一种复式记账方法。

(一) 借贷记账法的记账符号

记账符号是指标明记账方向的符号。借贷记账法以"借""贷"二字作为记账符号,"借"和"贷"谁表示增加、谁表示减少,则取决于账户的性质及结构。"借"表示资产的增加与负债、所有者权益的减少,"贷"表示资产的减少与负债、所有者权益的增加。

(二) 借贷记账法下的账户结构

在借贷记账法下,账户分为左右两方,左方称为借方,右方称为贷方,分别用"借""贷"两个记账符号表示各会计要素的增加和减少。

1. 资产类账户的结构。资产类账户的借方记录资产的增加额,贷方记录资产的减少额,余额一般应在借方,表示结存资产的账面余额。其基本结构如图2-8所示。

借方	账户名称(会计科目)	贷方
期初余额		
本期增加额		本期减少额
期末余额		

图 2-8 资产类账户的基本结构

2. 负债和所有者权益类账户的结构。负债和所有者权益类账户的贷方记录增加额,借方记录的减少额,余额一般应在贷方,表示负债和所有者权益的账面余额。其基本结构如图 2-9 所示。

借方	账户名称（会计科目）	贷方
		期初余额
本期减少额		本期增加额
		期末余额

图 2-9　负债和所有者权益类账户的基本结构

3. 损益类账户的结构。损益类账户包括收入类账户和费用类账户。由于收入的增加可视同所有者权益的增加，费用的增加可视同所有者权益的减少，所以收入类账户在结构上与所有者权益类账户相同，费用类账户在结构上与所有者权益类账户相反（与资产类账户相同）；但损益类账户期末结转后应无余额。即：收入类账户的贷方记录增加额，借方记录的减少额，期末将本期贷方发生额减去本期借方发生额后的差额转入所有者权益类账户，结转后应无余额。其基本结构如图 2-10 所示。

借方	账户名称（会计科目）	贷方
收入减少额		收入增加额
收入结转额		收入增加额
本期发生额合计		本期发生额合计

图 2-10　收入类账户的基本结构

费用类账户的借方记录增加额，贷方记录的减少额，期末将本期借方发生额减去本期贷方发生额后的差额转入所有者权益类账户，结转后应无余额。其基本结构如图 2-11 所示。

借方	账户名称（会计科目）	贷方
费用增加额		费用减少额
费用增加额		费用结转额
本期发生额合计		本期发生额合计

图 2-11　费用类账户的基本结构

在借贷记账法下，"借""贷"二字作为记账符号，指示着账户记录的方向。在一般情况下,各类账户余额的方向与记录增加额的方向是一致的,即资产类账户的余额一般在借方,负债和所有者权益类账户的余额一般在贷方,所以可以根据账户余额的方向来判断账户的性质。村集体经济组织会计中的个别账户,如"内部往来"等,是既有资产性质、又有负债性质的双重性质账户,应根据账户余额的方向来判断;如果余额在借方就确认为资产类账户,如果余额在贷方就可确认为负债和所有者权益类账户。

(三) 借贷记账法的记账规则

记账规则是指在记账时应遵循的规定和守则。借贷记账法的记账规则可以概括为"有借必有贷,借贷必相等",即对于每一笔交易事项都要在两个或两个以上相互联系的账户中以借方和贷方相等的金额进行登记。

(四) 借贷记账法的试算平衡

试算平衡是指根据资产与负债和所有者权益的恒等关系以及借贷记账法的记账规则,检验所有账户记录是否正确的过程。在借贷记账法下,试算平衡包括发生额试算平衡法和余额试算平衡法两种。

1. 发生额试算平衡法。

发生额试算平衡法,就是根据本期所有账户借方发生额合计与贷方发生额合计的恒等关系,检验本期发生额记录是否正确的方法。其试算平衡公式如下:

所有账户本期借方发生额合计 = 所有账户本期贷方发生额合计

2. 余额试算平衡法。

根据余额时间不同,又可分为期初余额平衡与期末余额平衡两类,期初余额平衡是期初所有账户借方余额合计与贷方余额合计相等;期末余额平衡是期末所有账户借方余额合计与贷方余额合计相等。其试算平衡公式如下:

所有账户期初借方余额合计 = 所有账户期初贷方余额合计

所有账户期末借方余额合计 = 所有账户期末贷方余额合计

三、会计分录

（一）会计分录的概念

会计分录，简称分录，是指对某项交易事项标明其应借应贷账户及其金额的记录。

会计分录能完整、客观地反映交易事项的内容，便于记账和日后查考等。构成会计分录的要素有三个：一是账户名称即会计科目；二是记账符号即"借"和"贷"；三是应记金额。

（二）会计分录的分类

按照所涉及账户的多少，会计分录分为简单会计分录和复合会计分录两种。

简单会计分录是指只涉及一个账户借方和另一个账户贷方的会计分录，即一借一贷的会计分录。对应关系非常清楚，便于检查。

复合会计分录是指有两个以上对应账户所组成的会计分录，即一借多贷、多借一贷或者多借多贷的会计分录。可以集中、全面地反映某项交易事项的全貌，但不能单纯为了省事，将多笔交易事项合在一起编制"多借多贷"的会计分录。

（三）会计分录的编制步骤

1. 分析交易事项涉及的是资产（费用、成本）还是负债或所有者权益（收入）。
2. 确定涉及的账户及其增加还是减少。
3. 确定记入账户的借贷方向及金额。
4. 检查确定应借应贷账户是否正确，借贷金额是否相等。

会计分录有其规范的格式。习惯上，会计分录为上下式结构，借方账户在上，贷方账户在下，先借后贷、借贷错开、金额相等。例如，村集体经济组织以银行存款 10 000 元购入一台不需安装即可使用的设备，作为固定资产进行核算，其会计分录为：

借：固定资产　　　　　　　　　　　　　　10 000

贷：银行存款　　　　　　　　　　　　　　　10 000
　　实际工作中，会计分录是在记账凭证上编制的。

第三节　村集体经济组织会计凭证

一、会计凭证的概念、意义和种类

（一）会计凭证的概念

　　会计凭证，简称凭证，是记录经济业务、明确经济责任、据以登记账簿的书面证明。编制和审核会计凭证，是会计工作的起点和基础。村集体经济组织发生任何一项经济业务，都要办理凭证手续，由执行或完成该项业务的有关人员填制会计凭证，说明经济业务发生的日期，反映经济业务的内容、数量和金额，并在凭证上签名或盖章，对凭证的真实性和完整性负完全责任。会计凭证要经过有关人员的严格审核，审核无误后，才能作为登记账簿的依据。因此，正确地填制和审核会计凭证，是会计核算的一种专门方法，是核算和监督经济活动、财务收支的基础，是做好会计工作的基础。

（二）会计凭证的意义

　　合法地取得、正确地填制和审核会计凭证，是会计核算的基本方法之一，对于从源头上保证会计资料的真实完整、合法性、有效地实施会计监督、明确经济责任等都具有重要意义。

　　1. 填制会计凭证，可以及时、准确地提供各项经济业务的原始资料，传递会计信息。

　　2. 填制会计凭证，可以加强经济管理上的责任制。会计凭证中反映了经济业务的内容、发生时间以及有关人员的签字盖章，这样，就可以确定各经办单位及人员所负的经济责任，从而加强他们的责任感，也便于单位和组织的领导对有关人员进行考察。

3. 填制和审核会计凭证，可以发挥会计监督作用，保护本单位财产的安全和合理使用。通过填制和审核会计凭证，可以检查各项财产物资保管人员的工作情况，监督各项经济业务是否符合国家财经方针政策、制度，检查是否有铺张浪费、贪污盗窃等损害集体财产的行为和违纪现象，保护集体财产的安全和合理使用。

（三）会计凭证的种类

会计凭证按照编制的程序和用途不同，分为原始凭证和记账凭证两类。

二、原始凭证

（一）原始凭证的概念和种类

1. 原始凭证的概念。

原始凭证是在经济业务发生时直接取得或者填制的，是用来记载经济业务发生和完成情况、明确经济责任的书面证明。它是进行会计核算的原始资料和重要依据，村集体经济组织对会计事项办理会计手续、进行会计核算时，必须取得或填制原始凭证，并及时送交会计部门或会计人员，以保证会计核算工作的顺利进行。

2. 原始凭证的种类。

原始凭证按照不同的标志，可分为不同的类型。

（1）按照原始凭证取得的来源不同可分为自制原始凭证和外来原始凭证。

①自制原始凭证。是由本单位经办业务的部门和人员，在执行或完成某项经济业务时所填制的凭证。如生产领用物资填制的领料单。

②外来原始凭证。是本单位与其他单位或个人发生业务关系时，从对方取得的原始凭证，如供货单位开出的发票。

（2）按照原始凭证填制手续及内容不同可分为一次凭证、累计凭证和汇总凭证。

①一次凭证，是只反映一项经济业务或同时反映若干项同类型经济业务的凭证，凭证的填制手续是一次完成的。如发货票。

②累计凭证，是为了便于加强管理，简化手续，用来连续反映一定时期内若干项不断发生的同类型经济业务的原始凭证。这种凭证的填制手续不是一次完成的，是把经常发生的同类型业务连续登记在一张凭证上，填制手续需在期末时才能完成。这种凭证，可以随时计算发生额累计数，便于同定额、计划、预算数进行比较，从而达到控制支出、节约开支的目的。如限额领料单。

③汇总凭证，即汇总原始凭证，也称原始凭证汇总表，是指将一定时期内反映交易或事项内容相同的若干张原始凭证，按照一定标准综合填制的原始凭证。如：发料汇总表、差旅费报销单等。

（二）原始凭证的基本内容

无论哪一种原始凭证，都应该说明有关经济业务的执行和完成情况，应该明确经办部门和人员的经济责任。因此，各种原始凭证又都具有共同的基本内容，原始凭证所包括的基本内容，通常称为凭证要素，主要有：

1. 原始凭证名称；
2. 填制凭证的日期、凭证的编号；
3. 接受凭证单位名称（抬头人）；
4. 经济业务内容（含数量、单价、金额等）；
5. 填制单位签章、有关人员（部门负责人、经办人员）签章、填制凭证单位名称或者填制人姓名；
6. 凭证附件。

（三）原始凭证的填制要求

1. 填制凭证要真实。
2. 填制凭证要完整。
3. 填制凭证要及时。
4. 填制凭证要清楚。填制凭证的文字要简要、规范。字迹要清楚，易于辨认。阿拉伯数字要逐个书写清楚，大小写金额要符合规定，正确填写。
5. 更正凭证要正确。各种凭证都不得随意涂改、刮擦、挖补，数字错误不能更改，只能重新更换凭证填写。文字错误更正可用划线法。即将写错的文字用红线划掉，再将正确文字填写在画线部分的上方，并加盖填制单位公章。但应注意，提交银行的各种结算凭证的大小写金额一律不得更改。如果填写错误，应加盖"作废"，重新填写。对于印有连续编号的凭证，在写错时，加盖"作废"戳记并予以保存，不能撕毁。

（四）原始凭证的审核

原始凭证只有经过指定的会计人员审核无误后，才能作为编制记账凭证的依据。对原始凭证的审核，是对会计信息质量实施源头控制的重要环节，也是会计基础工作的一项重要内容，对于保证会计核算资料的真实、合法、完整、准确，充分发挥会计的监督职能作用具有重要意义。原始凭证主要从以下两个方面进行审核：

1. 从财经法规制度方面审核凭证的真实性、合法性。包括：原始凭证的内容是否符合国家财经制度和有关经济合同的要求；凭证日期、业务内容、金额、凭证来源、凭证本身是否真实等。对于伪造、涂改、经济业务不合法的凭证，应拒绝办理，并及时向领导报告，请求处理。

如根据山东省《村民委员会组织法》实施办法第二十条规定："涉及村民利益的下列事项，经村民会议讨论决定方可办理：

（1）本村经济、建设发展规划；

（2）本村享受误工补贴的人员和补贴标准；

（3）村集体经济所得收益的使用；

（4）本村公益事业的兴办和筹资筹劳方案以及建设承包方案；

（5）土地承包经营方案；

（6）村集体经济项目的立项、承包方案；

（7）宅基地的使用方案；

（8）征地补偿费的使用、分配方案；

（9）以借贷、租赁或者其他方式处分村集体财产；

（10）村民会议认为应当由村民会议讨论决定的涉及村民利益的其他事项。

村民会议可以授权村民代表会议讨论决定除前款第 10 项以外的其他事项。"

凡涉及上述事项，应以村民会议或村民会议授权的村民代表会议决议原件或复印件（两委盖章）作为原始凭证。

2. 从业务技术方面审核凭证填制的完整性、准确性。包括：原始凭证的基本内容是否逐项填写，经济活动内容的说明是否明确，数字计算是否正确，大小写金额是否一致，有关人员是否签章，有无刮擦、挖补、涂改等现象。如果发现不完整、不准确、不符合规定的凭证，应退回补填或更正。

三、记账凭证

（一）记账凭证的种类

记账凭证，又称记账凭单，是会计人员根据审核无误的原始凭证，按照交易事项的内容加以归类，并据以确定会计分录后所填制的会计凭证，是登记账簿的直接依据。

记账凭证按不同的标志，可以分为不同的种类。

1. 记账凭证按内容可分为收款凭证、付款凭证和转账凭证。

（1）收款凭证，是指用于记录现金和银行存款收款业务的记账凭证，是登记总账、现金日记账和银行存款日记账以及有关明细账的依据，其一般格式如表2-4所示。

表2-4　　　　　　　　　　收　款　凭　证

借方科目：　　　　　　　　　年　月　日　　　　　　　　收字第　　号

摘要	贷方科目		账页	金额	
	总账科目	明细科目		总账科目	明细科目
合计					

会计主管：　　　　记账：　　　　出纳：　　　　审核：　　　　填制：

（2）付款凭证，是指用于记录现金和银行存款付款业务的记账凭证，是登记总账、现金日记账和银行存款日记账以及有关明细账的依据，其一般格式如表 2-5 所示。

表 2-5　　　　　　　　　付　款　凭　证

贷方科目：　　　　　　　　　年　月　日　　　　　　　　付字第　　号

摘要	借方科目		账页	金额	
	总账科目	明细科目		总账科目	明细科目
合计					

会计主管：　　　记账：　　　出纳：　　　审核：　　　填制：

（3）转账凭证，是指用于记录现金和银行存款收付业务以外的转账业务的记账凭证，是登记总账和有关明细账的依据，其一般格式如表 2-6 所示。

表 2-6　　　　　　　　　转　账　凭　证

年　月　日　　　　　　　　转字第　　号

摘要	总账科目	明细科目	账页	借方金额	贷方金额

会计主管：　　　记账：　　　复核：　　　制单：

收款凭证、付款凭证和转账凭证，都属于专用记账凭证。对于交易事项比较单纯、业务量也较少的村集体经济组织，也可以采用通用记账凭证。通用记账凭证是各类交易事项共同使用的记账凭证，其一般格式如表 2-7 所示。

表2-7　　　　　　　　　　记　账　凭　证

单位：　　　　　　　　　　　年　月　日　　　　　　　附件　张　凭证第　号

摘要	总账科目	明细科目	金额		登记
			借方	贷方	
			千百十万千百十元角分	千百十万千百十元角分	
		合计			

会计主管：　　　记账：　　　出纳：　　　复核：　　　填制：

2. 记账凭证按填列方式可分为复式记账凭证和单式记账凭证。

（1）复式凭证，即复式记账凭证，是将每一笔交易事项所涉及的全部会计科目及其发生额都在同一张记账凭证中反映的一种记账凭证。收款凭证、付款凭证、转账凭证和通用记账凭证都是复式记账凭证。优点是能够集中反映账户之间的对应关系，便于了解交易事项的全貌，有利于查账，同时还可以减少凭证的数量，减轻编制记账凭证的工作量。其缺点是不便于汇总计算每一会计科目的发生额和进行分工记账。

（2）单式凭证，即单式记账凭证，是指每一张记账凭证只填列交易事项所涉及的一个会计科目及其金额的记账凭证。单式记账凭证按交易或事项涉及的每个借方或贷方会计科目分别填制，即一项交易事项涉及几个会计科目就需要填制几张记账凭证，一张记账凭证上只填列一个会计科目。优点是便于汇总计算每一会计科目的发生额，有利于分工记账。其缺点是编制记账凭证的工作量大，不便于了解交易事项的全貌，不利于查账。

（二）记账凭证的基本内容

记账凭证必须具备以下基本内容：

（1）记账凭证的名称；

（2）记账凭证的日期；

（3）记账凭证的编号；

（4）经济业务事项的内容摘要；

（5）经济业务事项所涉及的会计科目及其记账方向；

（6）经济业务事项的金额；

（7）记账标记；

（8）所附原始凭证的张数；

（9）制证、审核、记账、会计主管等有关人员的签章，收款凭证和付款凭证还应由出纳人员签名或盖章。

（三）记账凭证的填制要求

填制记账凭证时应注意以下填制要求：

1. 凭证摘要简明。概括经济业务内容的要点，便于查阅凭证和登记账簿。

2. 业务记录明确。记账凭证可以根据每一张原始凭证填制或者根据若干张同类原始凭证汇总填制，也可以根据原始凭证汇总表填制。

3. 科目运用要正确。

4. 附件数量完整。除结账和更正错账的记账凭证可以不附原始凭证外，其他记账凭证必须附有原始凭证。如果一张原始凭证涉及几张记账凭证，可以将原始凭证附在一张主要的记账凭证后面，并在其他记账凭证上注明附有该原始凭证的记账凭证编号或者附原始凭证复印件。一张原始凭证所列支出需要几个单位共同负担的，应当将其他单位负担的部分，开给对方原始凭证分割单进行结算。原始凭证分割单必须具备原始凭证的基本内容以及费用分摊情况等。

5. 填写内容齐全。记账凭证中的各项内容必须填写齐全，并按规定程序办理签章手续，不得简化。打印出来的机制记账凭证要加盖制单人员、审核人员、记账人员及会计机构负责人、会计主管人员印章或者签名。

6. 凭证顺序编号。填制记账凭证时，应当对记账凭证按会计事项处理先后顺序进行连续编号。一笔经济业务需要填制两张以上记账凭证时，可以采用分数编号法编号。

7. 填写格式规范。

（四）记账凭证的审核

只有经过审核无误的记账凭证，才能作为登账的依据。

1. 真实性审核。

2. 技术性审核。审核记账凭证中所使用的会计科目是否正确，其核算内容是否符合国家统一的会计制度的规定，应借、应贷的会计科目方向是否正确，账户对应关系是否清晰，金额是否准确，书写是否正确。

3. 完整性审核。审核记账凭证的完整性就是审核记账凭证中所列项目的填写是否齐全，有关人员是否已签章。出纳人员在办理收款或付款业务后，应在凭证上加盖"收讫"或"付讫"戳记，以避免重收重付。

只有审核无误的记账凭证，才能据以登记账簿。

四、会计凭证的传递与保管

（一）会计凭证的传递

会计凭证的传递，是指从经济业务发生、取得原始凭证开始，直到会计凭证归档保管为止的传递手续。

会计凭证能否及时传递并及时进行会计处理，直接关系到会计核算工作的正确、及时。各单位可根据自身情况，规定各种凭证的传递程序，保证按质按量完成核算任务。

（二）会计凭证的保管

会计凭证是重要的会计档案和历史资料，必须加强保管，防止散失，保证其安全完整。

1. 各种记账凭证，连同所附的原始凭证，按编号顺序折叠整齐，按期装订成册，并加具封面、封底，注明单位名称、年度、月份和起止日期、凭证种类、起止号码，由装订人在装订线封签处签名或盖章。对于数量过多的原始凭证，可以单独装订保管，在封面上注明记账凭证日期、编号、种类，同时在记账凭证上注明"附件另订"和原始凭证名称及编号。

2. 原始凭证不得外借，其他单位如因特殊原因需要使用原始凭证时，经本单位会计机构负责人、会计主管人员批准，可以复制。向外单位提供的原始凭证复制件，应在专设的登记账簿上登记，并由提供人员和收取人员共同签名或盖章。

3. 会计凭证保管期满后，按规定程序报经批准后，方可销毁。

第四节　村集体经济组织会计账簿

一、会计账簿的概念和意义

会计账簿是指由一定格式并相互联系的若干账页组成的，以会计凭证为依据，用来连续、系统、全面、完整地登记村集体经济组织各项经济业务事项的簿籍。

设置和登记会计账簿，是重要的会计核算基础工作，是会计核算的专门方法之一。

1. 账簿是连续、系统、全面、完整地登记各项经济业务的工具。通过设置和登记账簿，就能把会计凭证所提供的大量分散的核算资料，按照一定的程序，分门别类地登记到各个账户中去，以便取得完整的核算资料。

2. 账簿资料是编制会计报表的主要依据。

3. 账簿资料是检查、分析经济活动的依据。通过账簿的设置与登记可以确定收益分配的形成，提供收益分配形成的详细内容，为集体经济组织进行分配提供依据，还可以检查、分析经济活动、考核收益和收益分配计划的完成情况。

二、会计账簿的种类

会计账簿按照不同的标志，可以分为不同的类别：

（一）会计账簿按用途分类

会计账簿按其用途，可以分为序时账簿、分类账簿和备查账簿。

1. 序时账簿，又称日记账，是对各项经济业务按其发生时间的先后顺序，逐日逐笔连续进行登记的账簿。在我国，大多数单位一般只设现金日记账和银行存款日记账。

2. 分类账簿，又称分类账，是对全部经济业务按总分类账户和明细分类账户进行分类登记的账簿。分类账簿按其反映指标的详细程度划分，分为总分类账簿和明细分类账簿两种。

总分类账簿是根据总分类科目设置，用以记录全部经济业务总括核算资料的分类账簿，是登记村集体经济组织全部资金变动及其结果总括情况的账簿。

明细分类账是根据总账科目所属的明细科目设置，用以记录某一类经济业务明细核算资料的分类账。明细账能提供比较详细的核算资料，对总账所记载的经济业务起补充作用。

3. 备查账簿，又称辅助账簿，是对某些不能在日记账和分类账中记录的经济事项或记录不全的经济业务进行补充登记的账簿。主要是为某些经济业务的经营决策提供必要的参考资料，如农副产品、有价证券、以经营租赁方式租入固定资产的登记簿等。

（二）会计账簿按外形特征分类

会计账簿按其外形特征可以分为订本式账簿、活页式账簿和卡片式账簿。

1. 订本式账簿。订本式账簿是在账簿启用前，就把若干顺序编号的账页装订在一起的账簿。采用订本式账簿，可以避免账页散失，并防止抽换账页。订本式账簿主要适用于总分类账、现金日记账和银行存款日记账。

2. 活页式账簿，简称活页账，是在账簿登记完毕之前不把账页固定装订在一起，而是装在活页账夹中的账簿。当账簿登记完毕之后（通常是一个会计年度结束之后），才将账页予以装订，加具封面，并给各账页连续编号。活页式账簿主要适用于各种明细分类账。

3. 卡片式账簿，简称卡片账，是将账户所需格式印刷在卡片上，并将卡片存放在卡片箱中的账簿。在我国，单位一般只对固定资产的明细核算采用卡片账形式。

（三）会计账簿按账页格式分类

会计账簿按其账页格式可以分为三栏式账簿、多栏式账簿和数量金额式账簿等。

1. 三栏式账簿。三栏式账簿是指其账页格式设有借方、贷方和余额三个基本栏目的账簿。它适用于只需进行金额核算的账户，如现金日记账、银行存款日记账、总分类账以及资本、债权债务明细账等。

2. 多栏式账簿。多栏式账簿是在账页的两个基本栏目借方和贷方按需要分设若干专栏的账簿。其借方和贷方下的专栏，可以按照明细科目或某明细科目下的各明细项目设置。这种账簿主要适用于需要反映其构成内容，以便为管理提供详细资料的账户，如收入、费用和成本等明细账。这种账簿可以按"借方"和"贷方"分别设专栏，也可以只设"借方"专栏，"贷方"的内容在相应的"借方"专栏内用红字登记，表示冲减。

3. 数量金额式账簿。数量金额式账簿是指在账页的借方、贷方和余额三个栏目内都在分设数量、单价和金额三个小栏，借以反映财产物资实物数量和价值量的账簿。它主要适用于既要登记金额又要登记数量的财产物资明细账，如"库存物资"等。

三、记账的基本规则

为了保证账簿记录正确、规范，登记账簿应遵守下列基本规则：

（一）账簿启用规则

为了确保账簿的合规和完整，明确记账责任，启用新账簿时，应当在账簿封面写明单位名称和账簿名称。在账簿扉页上应当附启用表，内容包括：启用日期、账簿页数（活页账应在装订成册后填明页数）、记账人员或者会计机构负责人、会计主管人员签章、加盖公章。记账人员或者会计机构负责人、会计主管人员变动时，应注明交接日期和接办人员姓名，并由交接人双方签名或盖章。

（二）账簿登记规则

1. 登记会计账簿时，应当将会计凭证日期、编号、业务内容摘要、金额和其他有关资料逐项记入账内，做到数字准确、摘要清楚、登记及时、字迹工整。

2. 登记完毕后，要在记账凭证上签名或者盖章，并注明已经登账的符号表示已经记账。

3. 账簿中书写的文字和数字应紧靠底线书写，上面要留有适当空格，不要写满格，一般应占格距的1/2。

4. 登记账簿要用蓝黑墨水或者碳素墨水书写，不得使用圆珠笔（银行的复写账簿除外）或者铅笔书写。

5. 下列情况，可以用红色墨水记账：

（1）按照红字冲账的记账凭证，冲销错误记录；

（2）在不设借贷等栏的多栏式账页中，登记减少数；

（3）在三栏式账户的余额栏前，如未印明余额方向的，在余额栏内登记负数余额；

（4）根据国家统一的会计制度的规定可以用红字登记的其他会计记录。

6. 各种账簿应按页次顺序连续登记，不得跳行、隔页。如果发生跳行、隔页，应当将空行、空页画线注销，或者注明"此行空白""此页空白"字样，并由记账人员签名或者盖章。

7. 凡需要结出余额的账户，结出余额后，应当在"借或贷"等栏内写明"借"或者"贷"等字样。没有余额的账户，应在"借或贷"栏内写"平"字，并在"余额"栏用"～"表示。

8. 每一账页登记完毕结转下页时，应当结出本页合计数及余额，写在本页最后一行和下页第一行有关栏内，并在摘要栏内注明"过次页"和"承前页"字样；也可以将本页合计数及金额只写在下页第一行有关栏内，并在摘要栏内注明"承前页"字样。对需要结计本月发生额的账户，如现金、银行存款日记账、收入、费用明细账等，结计"过次页"的本页合计数应当为自本月初起至本页末止的发生额合计数；对需要结计本年累计发生额的账户，结计"过次页"的本页合计数应当为自年初起至本页末止的累计数；对既不需要结计本月发生额，也不需要结计本年累计发生额的账户，如库存物资明细账等，可以只将每页末的余额结转次页。

9. 实行会计电算化的单位，总账和明细账应当定期打印。

（三）错账更正规则

账簿记录发生错误，不准涂改、挖补、刮擦或者用药水消除字迹，不准重新抄写，必须按下列方法更正：

1. 画线更正法。在结账前发现账簿记录有文字或数字错误，而记账凭证没有错误，采用画线更正法。更正时，可在错误的文字或数字上划一条红线，在红线的上方填写正确的文字或数字，并由记账及相关人员在更正处盖章。

2. 红字更正法。记账后在当年内发现记账凭证所记的会计科目错误，或者会计科目无误而所记金额大于应记金额，从而引起记账错误，采用红字更正法。更正方法是：记账凭证会计科目错误时，用红字填写一张与原记账凭证完全相同的记账凭证，以示注销原记账凭证，然后用蓝字填写一张正确的记账凭证，并据以记账；记账凭证会计科目无误而所记金额大于应记金额时，按多记的金额用红字编制一张与原记账凭证应借、应贷科目完全相同的记账凭证，以冲销多记的金额，并据以记账。

3. 补充登记法。记账后发现记账凭证填写的会计科目无误，只是所记金额小于应记金额时，采用补充登记法。更正方法是：按少记的金额用蓝字编制一张与原记账凭证应借、应贷科目完全相同的记账凭证，以补充少记的金额，并据以记账。

四、对账与结账

（一）对账

对账，就是核对账目，是保证会计账簿记录质量的重要程序。对账工作至少每年进行一次。包括：账证核对、账账核对、账实核对。

（二）结账

结账，就是把一定时期内发生的全部交易事项登记入账的基础上，按规定方法将各种账簿记录进行小结，计算并记录本期发生额和期末余额。各单位必须按一定的程序和方法在会计期末进行结账。

五、账簿的更换和保管

（一）账簿的更换

会计年度终了，收益分配结束，应按规定更换新账。

总账、日记账和大部分明细账应每年更换一次，但有些明细账，如财产物资明细账、债权债务明细以及固定资产卡片账等，可以跨年度连续使用。

年度终了，需要更换新账的，对有余额的账户，其余额可直接计入下年新账，在新账第一行"摘要"栏内注明"上年结转"字样，在余额栏内记入上年余额数。

(二) 账簿的保管

年度结束后，将使用的活页账装订成册，连同订本账统一编号，归档保管。已归档的会计账簿原则上不得借出，有特殊需要须经上级主管单位或本单位领导、会计主管人员批准，并要办理借阅手续。

会计账簿是重要的会计档案之一，必须严格按《会计档案管理办法》的规定妥善保管，不得丢失和任意销毁。

第五节 村集体经济组织账务处理程序

一、账务处理程序的概念和种类

(一) 账务处理程序的概念

账务处理程序也称会计核算组织程序或会计核算形式，是指会计凭证、会计账簿、会计报表相结合的方式，包括会计凭证和账簿的种类、格式，会计凭证与账簿之间的联系方法，由原始凭证到编制记账凭证、登记明细分类账和总分类账、编制会计报表的工作程序和方法等。

(二) 账务处理程序的种类

常用的账务处理程序主要有记账凭证账务处理程序、汇总记账凭证账务处理程序和科目汇总表账务处理程序，其中记账凭证账务处理程序是最基本的账务处理程序，是其他账务处理程序的基础。

二、记账凭证账务处理程序的内容

记账凭证账务处理程序是指对发生的经济业务事项,都要根据原始凭证或汇总原始凭证编制记账凭证,然后直接根据记账凭证逐笔登记总分类账的一种账务处理程序。它是最基本的账务处理程序,其一般程序是:

1. 根据原始凭证编制原始凭证汇总表;
2. 根据原始凭证或原始凭证汇总表,编制记账凭证;
3. 根据收款凭证、付款凭证逐笔登记现金日记账和银行存款日记账;
4. 根据原始凭证、汇总原始凭证和记账凭证,登记各种明细分类账;
5. 根据记账凭证逐笔登记总分类账;
6. 期末,现金日记账、银行存款日记账和明细分类账的余额同有关总分类账的余额核对相符;
7. 期末,根据总分类账和有关明细分类账的记录,编制会计报表。

记账凭证账务处理程序的一般程序如图 2-12 所示。

记账凭证账务处理程序简单明了,易于理解,总分类账可以较详细地反映经济业务的发生情况。其缺点是:手工登记总分类账的工作量较大。该账务处理程序适用于规模较小、业务量较少的手工记账的单位。

实行电算化的单位不论规模、业务量大小都适合选择该账务处理程序。

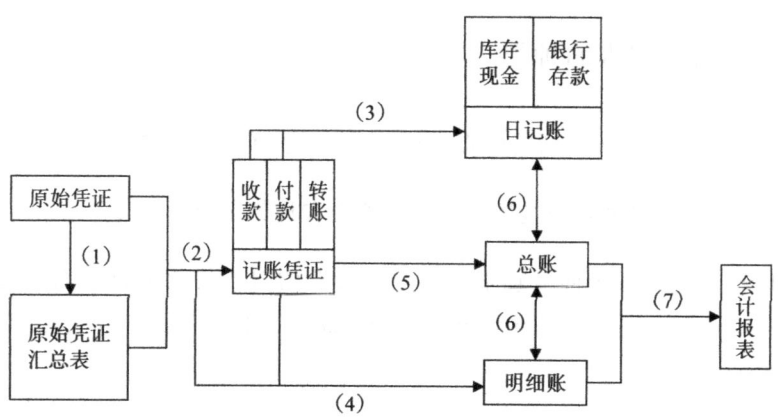

图 2-12 记账凭证账务处理程序示意图

第六节 村集体经济组织财产清查

一、财产清查的意义

财产清查是指通过对货币资金、实物资产和往来款项的盘点或核对，确定其实存数，查明账存数与实存数是否相符的一种专门方法。

财产清查是会计核算的方法之一，对于加强村集体经济管理，保证会计核算质量，充分发挥会计的监督作用具有重要意义。

1. 通过财产清查，可以查明账实是否相符，从而保证会计资料的客观真实。

2. 可以查明各项财产物资的保管情况，从而加强和改善管理，保护财产物资的安全完整。

3. 可以查明单位遵纪守法情况，从而采取措施，促进单位严格执行财经法纪。

4. 可以针对所发现的问题，采取措施、改进管理，建立健全相关内部控制制度，提高管理水平。

二、财产清查的种类

财产清查可以按不同的标志进行分类，主要有两种分类方法。

（一）按财产清查的范围分为全面清查和局部清查

1. 全面清查。全面清查是对本单位所有的财产物资进行全面的清查、盘点核对。但由于全面清查内容多，涉及面广，时间长，一般只在下列情况下进行：

（1）年终决算之前；

（2）发生撤销、合并、改制或改变原来隶属关系；

（3）按规定进行资产评估、清产核资等；

（4）主要负责人离任；

（5）发生重大经济违法事件。

2. 局部清查。局部清查是指根据需要对一部分财产物资进行的清查。其清查对象主要是流动性较大的财产。一般主要对以下资产进行局部清查：

（1）贵重物资，每月都要进行清查，以防损失或破坏；

（2）库存现金应由出纳人员每天清查一次，银行存款和银行借款，每月同银行核对一次；

（3）流动性较大的库存物资，如化肥、农药、产役畜、产成品等，一般在本年度内采取轮流盘点或重点抽查；

（4）各种债权债务每年应与有关单位核对至少一至两次。

（二）按清查的时间可分为定期清查和不定期清查

1. 定期清查。定期清查是根据管理制度的规定或预先计划安排的时间对财产物资、债权债务所进行的清查。可以全面清查也可以局部清查。一般是在年末、季末或月末结账时进行。

2. 不定期清查。不定期清查事先并不规定清查的时间，而是根据需要临时进行的财产清查。从实际工作来看，一般在下列几种情况下才需要进行临时清查：

（1）更换财产物资和现金保管人员时；

（2）财产物资发生非常损失时；

（3）配合有关部门对本单位进行会计检查时；

（4）临时性的清产核资工作时。

三、财产清查的程序和方法

（一）财产清查的一般程序

1. 建立财产清查组织；

2. 组织清查人员学习有关政策规定，掌握有关法律、法规和相关业务知识，以提高财产清查工作的质量；

3. 确定清查对象、范围，明确清查任务；

4. 制订清查方案，具体安排清查内容、时间、步骤、方法，以及必要的清查前准备；

5. 清查时本着先清查数量、核对有关账簿记录等，后认定质量的原则进行；

6. 填制盘存清单；

7. 根据盘存清单填制实物、往来账项清查结果报告表。

（二）财产清查的方法

1. 货币资金的清查方法。

（1）现金的清查。采用实地盘点的方法来确定库存现金的实存数，然后再与现金日记账的账面余额核对，以查明账实是否相符及盈亏情况。其步骤如下：

首先，在盘点前，出纳人员应先将现金收款、付款凭证全部登记入账，并结出余额。

其次，调查时，出纳人员必须在场，现金由出纳人员经手盘点，清查人员从旁监督。盘点时，除查明账实是否相符外，还要查明有无违反现金管理制度规定，如有无以"白条"抵充现金，现金库存是否超过核定的限额，有无坐支现金等。

最后，盘点结束应根据盘点结果编制"库存现金盘点报告表"，并由检查人员和出纳人员签名盖章，作为重要的原始凭证。它具有"盘存单"和"账存实存对比表"的作用。

（2）银行存款的清查。银行存款的清查，主要是通过与开户银行核对账目的方法进行，即将银行送来的对账单上与本单位银行存款日记账逐笔核对，以查明账实是否相符。通常在月末，由会计人员核对一次。如果由清查人员进行清查，则事前要取得银行的对账单，并将单位银行存款账面余额结清，再将二者逐笔核对。如果二者不相符，应查找差异的原因。除了双方记账错误外，未达账项的存在也会造成双方银行存款余额不一致。

所谓未达账项是指单位和开户银行双方因为凭证传递时间上的差异造成一方已经入账，另一方尚未入账的事项。

编制银行存款余额调节，消除未达账项的影响后，银行存款对账单存款余额与单位银行存款日记账账面余额应当相等。

应注意的是，编制"银行存款余额调节表"并不需要更改账簿记录。

"银行存款余额调节表"只是清查的一种方式，不能作为账务处理的原始依据。通常作为清查资料与银行对账单一并附在当月银行存款日记账后保存。

上述对银行存款的清查方法，也同样适用于对银行借款的清查。另外通过银行借款的清查，还可以检查其借款是否按规定用途使用，是否按期归还等。

2. 实物资产的清查方法。

（1）财产物资的盘存制度。财产物资的盘存制度有永续盘存制和实地盘存制两种。

①永续盘存制，亦称账面盘存制，它是通过设置财产物资明细账，根据有关原始凭证在财产物资明细账中逐日或逐笔登记增加、减少数，并随时计算出其结存数额的一种盘存核算制度。

②实地盘存制，是指平时对库存物资只登记增加数，不登记减少数，每月月末结账时，通过盘点实物，来确定库存财产物资的数量，据此倒挤出各种财产物资的减少数，并登记入账的一种盘存制度。一般适用于价值小、收发频繁的财产物资。

不难看出，虽然清查盘点的目的不同，但不论采用哪种盘存制度，都必须对财产物资进行定期或不定期的清产盘点。

（2）实物资产的清查方法。常用的实物财产清查方法两种。

①实地盘点法，即通过点数、过磅、量尺等方法，确定财产物资实有数额的方法。这种方法适用于机器设备、包装好的原材料和产成品等的清查。

②技术推算法，又称技术匡算法、技术估计法，主要是对大量成堆、难以逐一清点的物资，可以先测算其总体积，再测算其单位重量，然后再换算成总重量的一种方法，例如散装的化肥、饲料、皮棉等。

3. 往来款项的清查方法。

各种往来款项的清查，一般采用发函询证的方法进行核对，即采取与对方（债务人或债权人）核对账目的方法。

对于单位与内部村民个人之间往来账项的清查，可以采取定期张榜公布或直接与本人核对的方法进行核对。

四、财产清查结果的处理

经过财产清查，必然会查出财产物资账存数与实存数是否相符的情况，对于财产物资的盘盈、盘亏，除了经过调查分析，查明原因，分清责任，并按照规定做出处理外，为了保证会计核算资料的真实性，还必须对清查结果及其结果的处理在账簿上予以反映，并通过对账簿记录的调整，做到账实相符。

第三章

村集体经济组织资产的核算

第一节 村集体经济组织货币资金的核算

货币资金是村集体经济组织资产中的重要组成部分，是村集体经济组织资产中流动性最强的资产。根据货币资金存放地点及其用途不同，货币资金分现金、银行存款和其他货币资金。由于货币资金具有高度流动性，加强货币资金的管理和控制是至关重要的。

一、货币资金管理的基本要求

村集体经济组织必须根据有关法律法规，结合实际情况，建立健全货币资金内部控制制度。

1. 建立货币资金业务的岗位责任制，明确相关部门和岗位的职责权限。明确审批人和经办人对货币资金业务的权限、程序、责任和相关控制措施。

2. 向单位和农户收取现金时手续要完备，使用统一规定的收款凭证。村集体经济组织取得的所有现金均应及时入账，不准以白条抵库，不准坐支，不准挪用，不准公款私存。应严格遵守库存现金限额管理制度，库存现金不得超过规定限额。

3. 必须建立健全现金开支审批制度，严格现金开支审批手续。对手续不完备的开支，不准付款；对不合理的开支，经办人有权向民主理财小组或上级主管部门反映。

4. 要及时、准确地核算现金收入、支出和结存，做到账款相符。要组织专人定期或不定期清点核对库存现金。

5. 要定期与开户银行核对账目。支票和财务印鉴不得由同一人保管。

6. 应当定期或不定期对货币资金内部控制进行监督检查，对发现的薄弱环节，应当及时采取措施，加以纠正和完善。

二、现金的核算

现金是指存放于村集体经济组织，由出纳人员保管的货币资金。"现金"科目核算村集体经济组织的现金，该科目期末借方余额，反映村集体经济组织实际持有的现金。"现金"科目可按人民币、外币设置二级明细科目，外币还可以按照外币币种设置三级明细科目进行明细核算。

有关"现金"科目应用会计分录如下：

（1）收入现金时：

借：现金——人民币
　　贷：有关科目

（2）支出现金时：

借：有关科目
　　贷：现金——人民币

（一）现金收入的核算

村集体经济组织收入现金主要途径有：从银行提取现金，收取转账起点（1 000元）以下的零星收入款，村民工交回的剩余差旅费款，收取对个人的罚款，无法查明原因的现金溢余等。收到现金时，借记"现金"账户，贷记有关账户。

[例3-1] 村集体经济组织从开户A农信社提取现金1 000元备用。会计分录为：

借：现金——人民币　　　　　　　　　　　　　　1 000
　　贷：银行存款——人民币（A农信社）　　　　　1 000

（二）现金支出的核算

村集体经济组织按照国务院颁布的《现金管理暂行条例》中现金开支

范围的规定支付现金时,借记有关账户,贷记"现金"账户。

[例3-2] 村集体经济组织成员张波出差借款1 000元,以现金付讫时。会计分录为:

借:内部往来——村民(张波)　　　　　　　　1 000
　　贷:现金——人民币　　　　　　　　　　　　　　1 000

(三) 现金明细分类核算

为了全面、系统、连续、详细地反映有关现金的收支情况和库存余额,村集体经济组织应设置"现金日记账",有外币业务的还应按外币币种单设"现金日记账"。明细分类核算时,由村集体经济组织出纳人员根据审核无误的收付款凭证,按照业务发生的先后顺序逐日逐笔登记,每日终了时计算现金结余金额,并将结余金额与实际库存现金金额进行核对,保证账款相符。如果发现账款不符,应及时查明原因,并进行处理。月度终了,将"现金日记账"的余额与"现金"总账的余额进行核对,做到账账相符。

(四) 现金管理

村集体经济组织可以在下列范围内使用现金:

1. 职工工资、津贴;
2. 个人劳务报酬;
3. 根据国家规定颁发给个人的科学技术、文化艺术、体育等各种奖金;
4. 各种劳保、福利费用以及国家规定的对个人的其他支出;
5. 向个人收购农副产品和其他物资的价款;
6. 出差人员必须随身携带的差旅费;
7. 结算起点以下的零星支出;
8. 中国人民银行确定需要支付现金的其他支出。

结算起点定为1 000元,村集体经济组织支付给个人的款项,超过使用现金限额的部分,应当转账支付;确需全额支付现金的,经开户银行审核后,予以支付现金。

村集体经济组织库存现金限额由开户银行根据实际需要,核定其3~5天的日常零星开支所需的库存现金限额。边远地区和交通不便地区的村集体经济组织的库存现金限额,可以多于5天,但不得超过15天的日常零星开支。

三、银行存款的核算

银行存款是指村集体经济组织存放于银行或其他金融机构的货币资金。"银行存款"科目核算村集体经济组织存入银行或其他金融机构的款项。本科目应按人民币、外币设置二级明细科目,按银行、信用社或其他金融机构的名称设置三级明细科目,进行明细核算。本科目的期末借方余额,反映村集体经济组织实际存在银行、信用社或其他金融机构的款项。

有关"银行存款"科目应用会计分录如下:

(1) 将款项存入银行、信用社或其他金融机构时:

借:银行存款——人民币(××金融机构)
  贷:有关科目

(2) 提取和支出存款时:

借:有关科目
  贷:银行存款——人民币(××金融机构)

(一) 银行存款的总分类核算

村集体经济组织银行存款的收付及其结存情况通过"银行存款"科目进行会计核算。

[例3-3] 村集体经济组织将3 000元现金存入A银行。会计分录为:

借:银行存款——人民币(A银行) 3 000
  贷:现金——人民币 3 000

[例3-4] 村集体经济组织购买转账支票、现金支票各一本,共计40元,以A银行存款支付。会计分录为:

借:管理费用——办公费 40
  贷:银行存款——人民币(A银行) 40

(二) 银行存款的明细分类核算

为反映有关银行存款收支的情况,村集体经济组织应当按照开户银行和其他金融机构等,分别设置"银行存款日记账",由出纳人员根据审核无误的银行存款收付款凭证,按照业务发生的先后顺序逐日逐笔登记。每日终了时应计算银行存款收入合计、银行存款支出合计及结余数,"银行存款日记账"应定期与银行转来的对账单核对相符,至少每月核对一次。有外币业务的,应在"银行存款"账户下分别按人民币和各种外币设置"银行存款日记账"进行明细分类核算。

(三)银行存款的核对

"银行存款日记账"应每月末与银行对账单进行核对,如因未达账项造成不符,应编制银行存款金额调节表,使其账实相符。未达账项是指村集体经济组织与银行之间,由于记账时间的不同,形成一方已登记入账,而另一方尚未登记入账的账项。

未达账项通常有四种情况:

1. 村集体经济组织已记收,银行未记收;
2. 村集体经济组织已记付,银行未记付;
3. 银行已记收,村集体经济组织未记收;
4. 银行已记付,村集体经济组织未记付。

银行存款金额调节表的编制方法是在村集体经济组织与银行双方的账面金额基础上,各自加上对方已记收而本单位未记收的款项,减去对方已记付而本单位未记付的款项。经过调节后,双方的余额应相互一致。

[例3-5] A村集体经济组织2015年3月31日进行银行对账,3月1日到3月31日村集体经济组织银行存款日记账账面记录与银行出具的3月31日对账单资料及对账后钩对的情况如下:

1. A村集体经济组织对账单记录(见表3-1)。

表3-1　　　　　　　　　村集体经济组织对账单　　　　　　　　金额单位:元

日期	凭证号	摘要	借方	贷方	方向	余额	标记
2015-3-1		期初余额			借	100 000.00	
2015-3-10	银付-001	付料款		30 000.00	借	70 000.00	√
2015-3-15	银付-002	付料款		20 000.00	借	50 000.00	√
2015-3-19	银收-001	收销货款	10 000.00		借	60 000.00	√
2015-3-21	银收-002	收销货款	20 000.00		借	80 000.00	√
2015-3-21	银付-003	交税金		80 000.00	借	0.00	√
2015-3-25	银收-003	收销货款	60 000.00		借	60 000.00	
2015-3-25	银付-004	取备用金		20 000.00	借	40 000.00	
2015-3-31		期末余额			借	40 000.00	

2. 银行对账单记录（见表 3-2）。

表 3-2　　　　　　　　　　　银行对账单　　　　　　　　　　金额单位：元

日期	摘要	账单号	借方	贷方	方向	余额	标记
2015-3-1	期初余额				贷	100 000.00	
2015-3-10	转支	0000501	30 000.00		贷	70 000.00	√
2015-3-15	转支	0000602	20 000.00		贷	50 000.00	√
2015-3-19	收入存款	0000103		10 000.00	贷	60 000.00	√
2015-3-21	收入存款	0000544		20 000.00	贷	80 000.00	√
2015-3-21	转支	0000185	80 000.00		贷	0.00	√
2015-3-27	收入存款	0000066		80 000.00	贷	80 000.00	
2015-3-30	付出	0000207	70 000.00		贷	10 000.00	
2015-3-31	期末余额				贷	10 000.00	

3. 银行存款余额调节表编制如表 3-3 所示。

表 3-3　　　　　　　　　　银行存款余额调节表
　　　　　　　　　　　　　2015 年 3 月 31 日

开户行及账号：　　　　　　　　　　　　　　　　　　　　　金额单位：元

项目	金额	项目	金额
A 村银行存款日记账余额	40 000	银行对账单余额	10 000
加：银行已记收、A 村未记收	80 000	加：A 村已记收、银行未记收	60 000
减：银行已记付、A 村未记付	70 000	减：A 村已记付、银行未记付	20 000
调节后的存款余额	50 000	调节后的存款余额	50 000

主管：　　　　　　　　会计：　　　　　　　　出纳：

银行存款余额调节表是档案资料，不是原始凭证，不能作为记账依据而入账，至少应保存 10 年。

第二节　村集体经济组织应收款项的核算

村集体经济组织的应收款项划分为两类：一是村集体经济组织与村集体经济组织以外的单位和个人发生的应收及暂付款项，为外部应收款，以"应收款"科目核算；二是村集体经济组织与所属单位和本村村民发生的应收及暂付款项，为内部应收款，以"内部往来"科目核算。

一、应收款项管理的基本要求

对拖欠的应收款项要采取切实可行的措施积极催收。对债务单位撤销，确实无法追还；或债务人死亡，既无遗产可以清偿，又无义务承担人，确实无法收回的款项，按规定程序批准核销后，计入其他支出。

二、外部应收款项核算

外部应收款项是指村集体经济组织与外部单位和外部个人发生的各种应收及暂付款项。村集体经济组织外部应收款项通过"应收款"科目进行会计核算。该科目借方登记村集体经济组织应收及暂付外部单位和个人的各种款项，贷方登记已经收回的或已转销的应收及暂付款项，余额在借方，反映尚未收回的应收款项。在"应收款"科目下，应按单位和个人设置二级明细科目，按不同的外部单位和个人设置三级明细科目，详细反映各种应收款项的情况。

有关"应收款"科目应用会计分录如下：

[**例3-6**] 村集体经济组织销售一批鸡蛋到B超市，成本10 000元，售价15 000元，货款尚未收到。会计分录为：

借：应收款——单位（B超市）　　　　　　15 000
　　贷：经营收入——鸡蛋销售收入　　　　　　15 000

同时结转成本：

借：经营支出——鸡蛋销售成本　　　　　　10 000
　　贷：库存物资——鸡蛋　　　　　　　　　　10 000

三、内部应收款项核算

内部应收款项是指村集体经济组织与所属单位和村民发生的各种应收及暂付款项。村集体经济组织发生的内部各项应收款项，应通过"内部往来"科目进行核算。

"内部往来"是一个双重性质的科目，它既核算村集体经济组织与所属单位和村民发生的各种应收及暂付款项业务，也核算各种应付及暂收款项业务。该账户各明细科目的期末借方余额合计数反映村集体经济组织所属单位和村民尚欠村集体经济组织的款项总额，各明细科目的期末贷方余额合计数反映村集体经济组织尚欠所属单位和村民的款项总额。

为详细反映内部往来业务情况，村集体经济组织应按单位和个人设置二级明细科目，按不同的内部单位和村民设置三级明细科目进行明细核算。各明细科目年末借方余额合计数应在资产负债表的"应收款项"科目内反映，各明细科目年末贷方余额合计数应在资产负债表的"应付款项"科目内反映。

[例3-7] 村集体经济组织向所属财源公司按协议提供饲料10吨，成本10 000元，售价15 000元，价款尚未收到。会计分录为：

借：内部往来——单位（财源公司）　　　　　15 000
　　贷：经营收入——饲料销售收入　　　　　　　　15 000

同时结转成本：

借：经营成本——饲料销售成本　　　　　　　10 000
　　贷：库存物资——饲料　　　　　　　　　　　　10 000

[例3-8] 财源公司向村集体经济组织借款100 000元，用于周转，村集体经济组织从A银行转账支付，会计分录为：

借：内部往来——单位（财源公司）　　　　　100 000
　　贷：银行存款——人民币（A银行）　　　　　　100 000

第三节　村集体经济组织存货的核算

村集体经济组织的存货是指在生产经营过程中用于销售、耗费而储备的各种材料或物资，包括各种材料、燃料、机械零配件、包装物、种子、化肥、农药、农产品、在产品、半成品、产成品等。

一、存货管理的基本要求

1. 建立健全存货内部控制制度。村集体经济组织应当建立健全存货内部控制制度，建立保管人员岗位责任制。存货入库时，由会计填写入库单，保管员根据入库单清点验收，核对无误后入库；出库时，由会计填写出库单，主管负责人批准，领用人签名盖章，保管员根据出库单出库。

2. 建立健全采购业务内部控制制度。明确审批人和经办人的权限、程序、责任和相关控制措施。对于审批人超越授权审批的采购与付款业务，经办人员有权拒绝办理，并及时向民主理财小组或上级主管部门反映。

3. 建立健全销售业务内部控制制度。村集体经济组织应当建立健全销售业务内部控制制度，明确审批人和经办人的权限、程序、责任和相关控制措施。

（1）应当按照规定的程序办理销售和发货业务。应当在销售与发货各环节设置相关的记录、填制相应的凭证，并加强有关单据和凭证的相互核对工作。

（2）应当按照有关规定及时办理销售收款业务，应将销售收入及时入账，不得设置账外设账，不得坐支现金。

（3）应当加强销售合同、发货凭证、销售发票等文件和凭证的管理。

（4）应当定期或不定期对销售业务内部控制进行监督检查，对发现的薄弱环节，应当及时采取措施，加以纠正和完善。

4. 建立财产物资定期盘点制度。村集体经济组织对存货要定期盘点核对，做到账实相符，年度终了前必须进行一次全面的盘点清查。

二、存货的入账价值

村集体经济组织应按以下原则对存货进行计价：

1. 购入的存货，按其实际成本计价。包括买价（购入存货发票上所列示的货款金额），运杂费（包括运输费、装卸费、保险费等），运输途中的合理损耗，入库前的挑选整理费用（包括挑选整理过程中发生的工、费支出和挑选整理过程中所发生的数量损耗，并扣除回收的下脚料价值）以及按规定应记入成本的税金和其他费用。

2. 自制的存货，按自制过程中发生的材料费、工资、加工费等各项实际支出计价。

3. 委托外单位加工的存货，按实际耗用的原材料或半成品的实际成本以及发生的往返运输费、装卸费、保险费、加工费和缴纳的税金等计价。

4. 生产入库的农产品,按生产过程中发生的实际支出计价。

5. 投资者投入的存货,按照投资各方确认的价值计价。

6. 盘盈的存货,按同类或类似存货的市场价格计价。

7. 接受捐赠的存货,如果捐赠方提供了有关凭据的,按凭据上标明的金额加上村集体经济组织支付的运输费、保险费、缴纳的税金等相关税费作为实际成本计价;如果捐赠方没有提供有关凭据的,应当参照同类或类似存货的市场价格,估计出该存货的金额,加上为接受该项捐赠所支付的相关税费作为实际成本计价。

三、库存物资的总分类核算

村集体经济组织出入库的材料、商品、包装物和低值易耗品,以及验收入库的农产品,通过"库存物资"科目进行核算。"库存物资"科目借方登记外购、自制生产、委托加工完成、盘盈等原因而增加的物资的实际成本,贷方登记发出、领用、对外销售、盘亏、毁损等原因而减少的物资的实际成本,余额在借方,反映期末库存物资的实际成本。

(一)库存物资的一般会计处理

村集体经济组织"库存物资"的常见业务处理如下:

1. 村集体经济组织在购买或其他单位及个人投资投入原材料、农用材料等物资验收入库时:

借:库存物资——××物资
  贷:现金——人民币
    银行存款——人民币(××金融机构)
    应付款——单位(××单位)
      ——个人(××人)
    资本——个人资本金(××人)

2. 会计期末,对已收到并验收入库但发票账单尚未收到的购入物资,先估价入账:

借:库存物资——××物资
  贷:应付款——单位(××单位)
      ——个人(××人)

下月初，用红字冲回。

3. 村集体经济组织生产的农产品收获入库或工业产成品完工入库时，按照其实际成本：

借：库存物资——××物资
　　贷：生产（劳务）成本——××工业产品或农产品（直接材料）
　　　　　　　　　　　　——××工业产品或农产品（直接人工）
　　　　　　　　　　　　——××工业产品或农产品（制造费用）

4. 库存物资领用时：

借：生产（劳务）成本——××工业产品或农产品（直接材料）
　　应付福利费——其他福利支出
　　在建工程——××工程（材料费用）
　　贷：库存物资——××物资

5. 库存物资销售时，按实现的销售收入：

借：现金——人民币
　　银行存款——人民币（××金融机构）
　　应收款——单位（××单位）
　　　　　——个人（××人）
　　贷：经营收入——××经营项目

同时，按照销售物资的实际成本：

借：经营支出——××经营项目
　　贷：库存物资——××物资

6. 村集体经济组织的库存物资应定期盘点清查，发现物资盘盈时，经审核批准后：

借：库存物资——××物资
　　贷：其他收入——库存物资盘盈收入

7. 出现盘亏和毁损时，经审核批准后：

借：应收款——单位（××单位）
　　　　　——个人（××人）
　　内部往来——单位（××单位）【由责任人或保险公司赔偿的金额】
　　　　　　——个人（××村民）【由责任人或保险公司赔偿的金额】
　　其他支出——库存物资的盘亏【扣除过失人或保险公司应赔偿金额后的净损失】

　　　　贷：库存物资——××物资

（二）材料的核算

1. 外购材料的核算

[例 3-9] 村集体经济组织为直接组织生产，购进 A 材料一批，发票注明价款 10 000 元，增值税款 1 700 元，货款已用银行存款支付。会计分录为：

　　借：库存物资——A 材料　　　　　　　　　　　　11 700
　　　　贷：银行存款——人民币（A 银行）　　　　　　11 700

2. 自制材料的核算

[例 3-10] 村集体经济组织自制的 B 材料验收入库，自制成本 8 000 元，其中经测算耗料 6 000 元、耗工 1 000 元、耗费 1 000 元，会计分录为：

　　借：库存物资——B 材料　　　　　　　　　　　　 8 000
　　　　贷：生产成本——B 材料（直接材料）　　　　　 6 000
　　　　　　　　　　——B 材料（直接人工）　　　　　 1 000
　　　　　　　　　　——B 材料（制造费用）　　　　　 1 000

3. 投资者投入材料核算

[例 3-11] 村集体经济组织接受村民张波以 C 材料作为投资，双方协议作价 100 000 元，存入 A 银行。会计分录为：

　　借：库存物资——C 材料　　　　　　　　　　　　100 000
　　　　贷：资本——个人资本金（张波）　　　　　　　100 000

4. 生产领用材料

[例 3-12] 村集体经济组织生产甲产品领用 A 材料，成本 8 000 元。会计分录为：

　　借：生产成本——甲产品（直接材料）　　　　　　　8 000
　　　　贷：库存物资——A 材料　　　　　　　　　　　 8 000

5. 直接出售材料

[例 3-13] 村集体经济组织出售 C 材料一批，价格 10 300 元，已存入银行。成本 9 000 元，会计分录为：

　　借：银行存款——人民币（A 银行）　　　　　　　 10 300
　　　　贷：经营收入——材料销售收入　　　　　　　　10 300

若按税法规定应依法缴纳3%的增值税（系增值税小规模纳税人）：

借：银行存款——人民币（A银行） 10 300
　　贷：经营收入——材料销售收入 10 000
　　　　应交税费——应交增值税 300

期末结转成本：

借：经营支出——材料销售成本 9 000
　　贷：库存物资——C材料 9 000

（三）农产品的核算

农产品是指生物资产的收获品，其可直接对外出售，也可再加工。农产品的成本，如果为一年生农作物，则包括整个生产期间的各项实际支出，如种子、肥料、人工及相关费用；如果为多年生植物，如核桃，在投产期之前，各项实际支出应计入农业资产价值，投产之后，如明确收获农产品，相关费用则计入该期农产品的成本，否则，计入经营支出。

[例3-14] 村集体经济组织在A水稻种植过程中，共花费种子30元，肥料150元，农药60元，人工100元，收获水稻500公斤。

（1）投入时会计分录为：

借：劳务成本——A水稻（直接材料） 240
　　　　　　——A水稻（直接人工） 100
　　贷：库存物资——种子 30
　　　　　　　——肥料 150
　　　　　　　——农药 60
　　　　应付工资——劳务人员工资（工资） 100

（2）收获入库后：

借：库存物资——A水稻 340
　　贷：劳务成本——A水稻（直接材料） 240
　　　　　　　——A水稻（直接人工） 100

[例3-15] 村集体经济组织2013年栽种核桃10亩，实际领用核桃树苗50 000元、A物资20 000元，应支付工资10 000元，2013~2014年生产周期实际支出A物资10 000元，工资5 000元。2014年8月开始收获，预计可正常产果8年。

（1）经济林木栽种前的各项开支，计入其资产的价值，会计分录为：

借：林木资产——经济林木（核桃树）　　　　　80 000
　　贷：库存物资——核桃树苗　　　　　　　　　　50 000
　　　　　　　　——A 物资　　　　　　　　　　　20 000
　　　　应付工资——劳务人员工资（工资）　　　　10 000

（2）2013～2014 年生产周期，各项开支计入劳务成本，会计分录为：

借：劳务成本——核桃树（直接材料）　　　　　10 000
　　　　　　——核桃树（直接人工）　　　　　 5 000
　　贷：库存物资——A 物资　　　　　　　　　　 10 000
　　　　应付工资——劳务人员工资（工资）　　　　5 000

（3）2014 年 8 月收获核桃 15 000 公斤，会计分录为：

借：库存物资——核桃　　　　　　　　　　　　15 000
　　贷：劳务成本——核桃树（直接材料）　　　　 10 000
　　　　　　　　——核桃树（直接人工）　　　　 5 000

（4）2014 年 12 月末，摊销本年核桃树价值（假定摊销期满净残值率为 5%），会计分录为：

摊销本年核桃树的折旧 = 80 000 × (1 - 5%) ÷ 8 = 9 500（元）

借：经营支出——核桃销售支出　　　　　　　　 9 500
　　贷：林木资产——经济林木（核桃树）　　　　 9 500

销售农产品时，按已收或应收款借记"银行存款""应收款"，贷记"经营收入"科目，同时，按实际成本借记"经营支出"，贷记"库存物资"科目。

[例 3 - 16] 承[例 3 - 14] 所收获的核桃全部对外实现销售，销售价每公斤 15 元，货款已全部存入 A 银行。会计分录为：

借：银行存款——人民币（A 银行）　　　　　 225 000
　　贷：经营收入——核桃销售收入　　　　　　　 225 000

期末，结转已销核桃成本：

借：经营支出——核桃销售支出　　　　　　　　15 000
　　贷：库存物资——核桃　　　　　　　　　　　 15 000

（四）商品的核算

商品是指村集体经济组织已完成全部生产过程并已验收入库，可以作为商品对外销售的产品，以及外购或委托加工完成验收入库用于销售的各种商品。

1. 从事商品流通的村集体经济组织商品物资的核算。

[例3-17] 村集体经济组织到村民张波家收购山鸡一批，价格4 000元，价款尚未支付。会计分录为：

借：库存物资——山鸡　　　　　　　　　　　　　4 000
　　贷：内部往来——村民（张波）　　　　　　　　　4 000

同月，这批山鸡实现对外销售，计7 200元，款已存入A银行。会计分录为：

借：银行存款——人民币（A银行）　　　　　　　　7 200
　　贷：经营收入——山鸡销售收入　　　　　　　　　7 200

结转已销山鸡的成本：

借：经营支出——山鸡销售支出　　　　　　　　　　4 000
　　贷：库存物资——山鸡　　　　　　　　　　　　　4 000

2. 加工型村集体经济组织商品物资的核算。

[例3-18] 村集体经济组织的生产车间将花生加工成饮料，当月共加工饮料10 000箱，实际单位成本80元，共计800 000元，其中经测算耗料720 000元、直接人工40 000元、制造费用40 000元，会计分录为：

借：库存物资——花生饮料　　　　　　　　　　　800 000
　　贷：生产成本——花生饮料（直接材料）　　　　720 000
　　　　　　　——花生饮料（直接人工）　　　　　 40 000
　　　　　　　——花生饮料（制造费用）　　　　　 40 000

同月，上例实现对外销售5 000箱，每箱售价117元，增值税率17%（系增值税一般纳税人），货款存入A银行，会计分录为：

借：银行存款——人民币（A银行）　　　　　　　585 000
　　贷：经营收入——花生饮料销售收入　　　　　　500 000
　　　　应交税费——应交增值税（销项税额）　　　 85 000

月末，结转已销花生饮料的成本：

借：经营支出——花生饮料销售支出　　　　　　　400 000
　　贷：库存物资——花生饮料　　　　　　　　　　400 000

（五）委托加工物资的核算

村集体经济组织有委托加工业务的，可通过增设"委托加工物资"科目核算，该科目可按委托加工的物资设置明细科目，进行明细核算。

[例3-19] 村集体经济组织加工花生饮料，委托外单位进行灌装，发出半成品甲材料50 000元，辅助材料乙10 000元，应负担加工费用5 000元、运输费用1 000元以A银行存款支付。会计分录为：

（1）发出委托加工物资：

借：委托加工物资——花生饮料　　　　　　　　60 000
　　贷：库存物资——甲材料　　　　　　　　　　　　50 000
　　　　　　　——乙材料　　　　　　　　　　　　10 000

（2）支付加工费用：

借：委托加工物资——花生饮料　　　　　　　　5 000
　　贷：银行存款——人民币（A银行）　　　　　　　5 000

（3）支付运杂费：

借：委托加工物资——花生饮料　　　　　　　　1 000
　　贷：银行存款——人民币（A银行）　　　　　　　1 000

（4）收回委托加工物资以备对外销售：

借：库存物资——花生饮料　　　　　　　　　　66 000
　　贷：委托加工物资——花生饮料　　　　　　　　　66 000

（六）委托代销商品的核算

村集体经济组织有委托代销商品业务的，可通过增设"委托代销商品"科目核算，该科目可按委托代销的单位设置明细科目，进行明细核算。

[例3-20] 村集体经济组织委托财源超市销售500箱鸡蛋。每箱鸡蛋成本为40元，零售价每箱60元。协议按销售收入的5%作为手续费，收到的销售款存入A银行。

（1）发出500箱鸡蛋时，会计分录为：

借：委托代销商品——财源超市　　　　　　　　20 000
　　贷：库存物资——鸡蛋　　　　　　　　　　　　　20 000

（2）收到已销售500箱鸡蛋的清单时：

借：应收款——单位（财源超市）　　　　　　　30 000（全价法）
　　贷：经营收入——鸡蛋销售收入　　　　　　　　　30 000

（3）结转已销鸡蛋成本时：

借：经营支出——鸡蛋销售支出　　　　　　　　20 000
　　贷：委托代销商品——财源超市　　　　　　　　　20 000

(4) 提取手续费用时：
借：经营支出——鸡蛋销售支出　　　　　　1 500
　　贷：应收款——单位（财源超市）　　　　　1 500
(5) 实际收到销售款时：
借：银行存款——人民币（A 银行）　　　　28 500
　　贷：应收款——单位（财源超市）　　　　28 500

（七）受托代销商品的核算

村集体经济组织有受托代销商品业务的，可通过增设"受托代销商品"科目核算，该科目可按受托代销的单位和个人设置明细科目，进行明细核算。

[例 3 – 21] 村集体经济组织接受本村村民张波委托代销核桃 2 000 公斤，协议每公斤 13 元，货物售出后结清。村集体经济组织当月实现对外销售，每公斤 15 元，货款已存入 A 银行。用现金结清往来。会计分录如下：

(1) 收到代销产品时：
借：受托代销商品——张波　　　　　　　　26 000
　　贷：内部往来——村民（张波）　　　　　26 000
(2) 售出核桃时：
借：银行存款——人民币（A 银行）　　　　30 000
　　贷：受托代销商品——张波　　　　　　　26 000
　　　　经营收入——销售核桃收入　　　　　4 000
(3) 结清与村民张波受托销售核桃款：
借：内部往来——村民（张波）　　　　　　26 000
　　贷：现金——人民币　　　　　　　　　　26 000

第四节　村集体经济组织农业资产的核算

一、农业资产核算与管理的基本要求

村集体经济组织农业资产包括牲畜（禽）资产和林木资产等，分别通

过"牲畜（禽）资产"和"林木资产"科目核算。

牲畜（禽）资产包括幼畜及育肥畜和产役畜。幼畜及育肥畜是指未成龄的猪、羊、鸡等小畜禽。产役畜包括产畜和役畜。产畜指已成年，能够进行配种、繁殖，经常提供产品的牲畜，如奶牛、种公牛、种公马、种公猪、母猪等。役畜指供人使役，进行耕耙等田间作业和运输工作的牲畜，如牛、马、骡、驴等。

林木资产是指村集体经济组织购入或营造的林木，包括经济林木、非经济林木。经济林木是指能够重复地生产出相应的产品，其成本是通过不断地生产出的产品出售而获得补偿的林木，如橡胶、果树、油桐、油茶、核桃、桑、茶等。非经济林木是指不能够重复地生产出相应的产品，只能通过砍伐后售出才能获得其成本补偿的林木。

农业资产按下列原则计价：购入的农业资产按照购买价及相关税费等计价，幼畜及育肥畜的饲养费用、经济林木投产前的培植费用、非经济林木郁闭前的培植费用按实际成本计入相关资产成本。产役畜、经济林木投产后，应将其成本扣除预计残值后的部分在其正常生产周期内按直线法分期摊销，预计净残值率按照产役畜、经济林木成本的5%确定；已提足折耗但未处理仍继续使用的产役畜、经济林木不再摊销。农业资产死亡毁损时，按规定程序批准后，按账面价值扣除应由责任人或者保险公司赔偿的金额后的差额，计入其他收支。

二、林木资产的核算

"林木资产"科目核算村集体经济组织购入或营造的林木的成本。本科目设置"经济林木"和"非经济林木"两个二级科目，并按林木的种类设置三级明细科目，进行明细核算。期末借方余额，反映村集体经济组织购入或营造林木的账面余额。有关"林木资产"科目应用会计分录如下：

（1）村集体经济组织购入经济林木时，按购买价及相关税费：
借：林木资产——经济林木
　　贷：现金——人民币
　　　　银行存款——人民币（××金融机构）
购入或营造的经济林木投产前发生的培植费用：
借：林木资产——经济林木

贷：应付工资——林木管理人员工资（工资）
　　　　　——林木管理人员工资（奖金）
　　　　　——林木管理人员工资（津贴）
　　　　　——林木管理人员工资（福利补助）
　　　　　——林木管理人员工资（其他补助）
　　库存物资——××物资

（2）经济林木投产后发生的管护费用：
借：经营支出——××经营项目
　　贷：应付工资——林木管理人员工资（工资）
　　　　　——林木管理人员工资（奖金）
　　　　　——林木管理人员工资（津贴）
　　　　　——林木管理人员工资（福利补助）
　　　　　——林木管理人员工资（其他补助）
　　库存物资——××物资

（3）经济林木投产后，其成本扣除预计残值后的部分应在其正常生产周期内，按照直线法摊销：年计提折耗＝成本（1－5%）/预计使用年限。
借：经营支出——××经营项目
　　贷：林木资产——经济林木

（4）村集体经济组织购入非经济林木时，按购买价及相关税费：
借：林木资产——非经济林木
　　贷：现金——人民币
　　　　银行存款——人民币（××金融机构）

购入或营造的非经济林木在郁闭前发生的培植费用：
借：林木资产——非经济林木
　　贷：应付工资——林木管理人员工资（工资）
　　　　　——林木管理人员工资（奖金）
　　　　　——林木管理人员工资（津贴）
　　　　　——林木管理人员工资（福利补助）
　　　　　——林木管理人员工资（其他补助）
　　库存物资——××物资

（5）非经济林木郁闭后发生的管护费用：
借：其他支出——非经济林木管护费

贷：应付工资——林木管理人员工资（工资）
　　　　　　——林木管理人员工资（奖金）
　　　　　　——林木管理人员工资（津贴）
　　　　　　——林木管理人员工资（福利补助）
　　　　　　——林木管理人员工资（其他补助）
　　　　库存物资——××物资

（6）按规定程序批准后，林木采伐出售时，按照实现的销售收入：
　　借：现金——人民币
　　　　银行存款——人民币（××金融机构）
　　　　贷：经营收入——××林木销售收入
同时，按照出售林木的实际成本：
　　借：经营支出——××林木销售成本
　　　　贷：林木资产——非经济林木（××林木）

（7）以林木长期投资时，按照合同、协议确定的价值：
　　借：长期投资——其他投资（××单位或个人）
　　　　公积公益金——资产评估增值【合同或协议确定的价值与林木资产账面价值之间的差额】
　　　　贷：林木资产——非经济林木（××林木）

（8）林木死亡毁损时，按规定程序批准后：
　　借：应收款——个人（××人）【过失人及保险公司应赔偿的金额】
　　　　内部往来——村民（××村民）【过失人应赔偿的金额】
　　　　其他支出——非常损失【扣除过失人和保险公司应赔偿金额后的净损失额】
　　　　贷：林木资产——非经济林木（××林木）【林木资产的账面价值】
　　　　　　其他收入——其他杂项收入【过失人及保险公司应赔偿金额超过林木资产账面价值的金额】

三、牲畜（禽）资产的核算

　　牲畜（禽）资产是指村集体经济组织农业资产中的动物资产，主要有幼畜及育肥畜、产畜及役畜等（包括特种水产）。为全面反映和监督村集体经济组织牲畜（禽）资产的情况，村集体经济组织应设置"牲畜（禽）

资产"科目进行核算。本科目应设置"幼畜及育肥畜""产役畜"两个二级科目,并按牲畜(禽)的种类设置三级明细科目,进行明细核算。

(一)牲畜(禽)资产的一般会计处理

村集体经济组织"牲畜(禽)资产"的常见业务处理如下:

1. 幼畜及育肥畜指未成龄的猪、羊、鸡等小畜禽。

(1)购入幼畜及育肥畜时,按购买价及相关税费:

借:牲畜(禽)资产——幼畜及育肥畜
　　贷:现金——人民币
　　　　银行存款——人民币(××金融机构)

(2)发生的饲养费用:

借:牲畜(禽)资产——幼畜及育肥畜
　　贷:应付工资——牲畜管理人员工资(工资)
　　　　　　　　——牲畜管理人员工资(奖金)
　　　　　　　　——牲畜管理人员工资(津贴)
　　　　　　　　——牲畜管理人员工资(福利补助)
　　　　　　　　——牲畜管理人员工资(其他补助)
　　　　库存物资——××物资

(3)幼畜成龄转作产役畜时,按实际成本:

借:牲畜(禽)资产——产役畜
　　贷:牲畜(禽)资产——幼畜及育肥畜

2. 产畜指供繁殖、剪毛、产奶及产蛋用的牲畜和家禽,如骡、马、牛、驴、骆驼、猪、羊、鸡鸭等。役畜指供劳役用的牲畜,如马、牛、驴、骡、骆驼等。

(1)发生产役畜的饲养费用:

借:经营支出——××役畜销售成本
　　贷:应付工资——牲畜管理人员工资(工资)
　　　　　　　　——牲畜管理人员工资(奖金)
　　　　　　　　——牲畜管理人员工资(津贴)
　　　　　　　　——牲畜管理人员工资(福利补助)
　　　　　　　　——牲畜管理人员工资(其他补助)
　　　　库存物资——××物资

(2) 产役畜的成本扣除预计残值后的部分应在其正常生产周期内，按照直线法分期摊销：年计提折耗 = 成本（1 - 5%）/预计使用年限。

借：经营支出——××役畜销售成本
　　贷：牲畜（禽）资产——产役畜（××产役畜）

(3) 幼畜及育肥畜和产役畜对外销售时，按照实现的销售收入：

借：现金——人民币
　　银行存款——人民币（××金融机构）
　　贷：经营收入——××役畜销售收入

同时，按照销售牲畜的实际成本：

借：经营支出——××役畜销售成本
　　贷：牲畜（禽）资产——幼畜及育肥畜（××幼畜及育肥畜）
　　　　　　　　　　　——产役畜（××产役畜）

(4) 以幼畜及育肥畜和产役畜长期投资时：

借：长期投资——其他投资（××单位或个人）【合同、协议确定的价值】
　　公积公益金——资产评估增值【合同或协议确定价值与牲畜资产账面价值之间的差额】
　　贷：牲畜（禽）资产——幼畜及育肥畜（××幼畜及育肥畜）
　　　　　　　　　　　——产役畜（××产役畜）

(5) 牲畜死亡毁损时，按规定程序批准后：

借：应收款——个人（××人）【过失人及保险公司应赔偿的金额】
　　内部往来——村民（××村民）【过失人应赔偿的金额】
　　其他支出——非常损失【扣除过失人和保险公司应赔偿金额后的净损失额】
　　贷：牲畜（禽）资产——幼畜及育肥畜（××幼畜及育肥畜）【账面价值】
　　　　　　　　　　　——产役畜（××产役畜）【账面价值】
　　　　其他收入——其他杂项收入【过失人及保险公司应赔偿金额超过牲畜资产账面价值的金额】

（二）牲畜（禽）资产增加的核算

1. 购入的牲畜（禽）资产。

[例 3 - 22] 村集体经济组织 2020 年 1 月赊购麦琪公司幼牛 5 头，每

头幼牛 600 元。

借：牲畜（禽）资产——幼畜及育肥畜（牛）　　3 000
　　贷：应付款——麦琪公司　　　　　　　　　　　　3 000

2. 投资者投入的牲畜（禽）资产。

[例 3-23] 村集体经济组织 2020 年 2 月接受财源乳业集团公司投资投入的奶牛 10 头，双方协议确定，每头牛定价为 6 000 元，预计仍可产奶 8 年。

借：牲畜（禽）资产——产役畜（奶牛）　　　60 000
　　贷：资本——法人资本金（财源乳业集团公司）　　60 000

3. 接受捐赠的牲畜（禽）资产。

[例 3-24] 村集体经济组织 2020 年 3 月收到麦琪公司捐赠已经产毛的绵羊 10 只，所附发票列明价格为 5 000 元，预计仍可产羊毛 5 年。

借：牲畜（禽）资产——产役畜（羊）　　　　5 000
　　贷：公积公益金——接受捐赠资产　　　　　　　5 000

4. 自产的牲畜（禽）资产。

[例 3-25] 村集体经济组织饲养母猪 2020 年 4 月产仔 10 头。其整个生产期间饲养工资 200 元，A 饲料费用 600 元。新生产小猪防疫等费用 500 元，以现金支付。会计分录为：

借：经营支出——牲畜（禽）饲养支出　　　　800
　　贷：库存物资——A 饲料　　　　　　　　　　　600
　　　　应付工资——牲畜管理人员工资（工资）　　200
借：牲畜（禽）资产——幼畜及育肥畜（猪）　　500
　　贷：现金——人民币　　　　　　　　　　　　　500

（三）牲畜（禽）资产饲养费用的核算

《村集体经济组织会计制度》规定，牲畜（禽）资产的饲养费用要区分以下两种处理方法：一是幼畜及育肥畜的饲养费用资本化，增加牲畜（禽）资产价值；二是产役畜的饲养费用作为当期费用，计入经营支出。

1. 幼畜及育肥畜的饲养费用。

[例 3-26] 村集体经济组织 2020 年 5 月饲养幼牛费用如下：应付养牛人员张平工资 2 400 元，喂牛用 A 饲料 3 600 元。

借：牲畜（禽）资产——幼畜及育肥畜（牛）　　6 000

贷：应付工资——牲畜管理人员工资（工资）　　　　　2 400
　　　　　库存物资——A 饲料　　　　　　　　　　　　　3 600

2. 产役畜的饲养费用。

[例 3-27] 村集体经济组织 2020 年 6 月发生奶牛饲养人员张平工资 2 000 元，A 饲料 5 000 元，其他费用 1 000 元，其他费用以现金支付。

　　　借：经营支出——牲畜（禽）饲养支出　　　　　　　8 000
　　　　　贷：应付工资——牲畜管理人员工资（工资）　　　　　2 000
　　　　　　　库存物资——A 饲料　　　　　　　　　　　　　5 000
　　　　　　　现金——人民币　　　　　　　　　　　　　　　1 000

（四）牲畜（禽）资产转换的核算

现行制度规定，幼畜成龄前，确定为牲畜（禽）资产中的幼畜及育肥畜；幼畜成龄后，要转为牲畜（禽）资产中的产役畜，通过"牲畜（禽）资产"科目进行明细核算。

[例 3-28] 2020 年 6 月 30 日，村集体经济组织 10 头幼牛已成龄，转为役畜，预计可使用 10 年，幼牛买价 6 000 元，饲养费用 6 000 元。

（1）幼牛的成本 = 6 000 + 6 000 = 12 000（元）

　　　借：牲畜（禽）资产——产役畜（牛）　　　　　　12 000
　　　　　贷：牲畜（禽）资产——幼畜及育肥畜（牛）　　　　12 000

（2）幼畜转为产役畜后发生的饲养费用，不再资本化，计入当期费用。

（五）产役畜成本摊销的核算

村集体经济组织产役畜的成本扣除预计残值后的部分，应在其正常生产周期内按直线法摊销，预计净残值率按照产役畜成本的 5% 确定。

[例 3-29] 2020 年 6 月，村集体经济组织开始摊销成龄奶牛的成本，此时奶牛成本 12 000 元，预计可使用 8 年。

（1）奶牛成本的月摊销额计算：

每年应摊销的金额 = 12 000 × (1 - 5%) ÷ 8 = 1 425（元）

每月应摊销的金额 = 1 425 ÷ 12 = 118.75（元）

（2）当月份应摊销奶牛成本：

　　　借：经营支出——牲畜（禽）饲养支出　　　　　　　118.75

　　　　贷：牲畜（禽）资——产役畜（奶牛）　　　　　　　118.75

（六）牲畜（禽）资产出售的核算

[例 3-30] 2020 年 7 月村集体经济组织将育成的 50 头仔猪出售给财茂肉品厂，每头售价 500 元，货款暂欠，该批仔猪购买成本 10 000 元，饲养费用 12 000 元。

　　借：应收款——财茂肉品厂　　　　　　　　　　25 000
　　　　贷：经营收入——销售仔猪收入　　　　　　　　　25 000

同时结转成本：

育肥畜（猪）的成本 = 10 000 + 12 000 = 22 000（元）

　　借：经营支出——销售仔猪支出　　　　　　　　22 000
　　　　贷：牲畜（禽）资产——幼畜及育肥畜（猪）　　22 000

（七）牲畜（禽）资产长期投资的核算

[例 3-31] 2020 年 7 月 1 日，村集体经济组织用 15 头牛向财源公司投资，双方已协商同意并签订了合同，该批役牛是 2020 年 6 月 1 日由幼畜转役畜，成本 100 000 元，预计可使用 8 年。

首先计算投资时 15 头役牛的账面价值：

年摊销成本 = 100 000 × (1 - 5%) ÷ 8 = 11 875（元）

月摊销成本 = 11 875 ÷ 12 = 989.58（元）

役牛账面价值 = 100 000 - 989.58 = 99 010.42（元）【6 600.69 元/头】

（1）若双方协议按每头役牛 7 000 元，则：

　　借：长期投资——其他投资（财源公司）　　　　105 000
　　　　贷：牲畜（禽）资产——产役畜（牛）　　　　　99 010.42
　　　　　　公积公益金——其他　　　　　　　　　　　5 989.58

（2）若双方协议按每头牛 6 500 元，则：

　　借：长期投资——其他投资（财源公司）　　　　97 500
　　　　公积公益金——其他　　　　　　　　　　　1 510.42
　　　　贷：牲畜（禽）资产——产役畜（牛）　　　　　99 010.42

（3）若双方协议役牛的价格为账面价值，则：

　　借：长期投资——其他投资（财源公司）　　　　99 010.42
　　　　贷：牲畜（禽）资产——产役畜（牛）　　　　　99 010.42

（八）牲畜（禽）资产死亡毁损的核算

[例 3-32] 村集体经济组织因饲养人员张平疏忽，致使一头母猪死亡，母猪账面价值为 1 500 元，按规定县人保公司赔偿 700 元，经批准，由饲养人员赔偿 400 元，其他列支出，收到的人保公司赔偿款存入 A 银行。会计分录：

（1）核销时：

借：应收款——县人保公司　　　　　　　　　　　　700
　　内部往来——张平　　　　　　　　　　　　　　400
　　其他支出——其他支出　　　　　　　　　　　　400
　　贷：牲畜资产——产役畜（猪）　　　　　　　1 500

（2）收到县人保公司赔付款项时：

借：银行存款——人民币（A 银行）　　　　　　　　700
　　贷：应收款——县人保公司　　　　　　　　　　700

第五节　村集体经济组织对外投资的核算

一、对外投资核算与管理的基本要求

村集体经济组织对外投资是指村集体经济组织根据国家法律、法规规定，可以采用货币资金、实物资产或者购买股票、债券等有价证券方式向其他单位投资，包括短期投资和长期投资。短期投资指能够随时变现并且持有时间不准备超过一年（含一年）的有价证券等投资。长期投资指不准备在一年内（不含一年）变现的有价证券等投资。

1. 村集体经济组织的对外投资按照下列原则计价：

（1）以现金、银行存款等货币资金方式向其他单位投资的，按照实际支付的价款计价。

（2）以实物资产（含牲畜和林木）方式向其他单位投资的，按照评估确认或者合同、协议确定的价值计价。

2. 村集体经济组织以实物资产方式对外投资，其评估确认或合同、协议确定的价值必须真实、合理，不得高估或低估资产价值。实物资产重估确认价值与其账面净值之间的差额，计入公积公益金。

3. 村集体经济组织对外投资分得的现金股利或利润、利息等计入投资收益。出售、转让和收回对外投资时，按实际收到的价款与其账面价值的差额，计入投资收益。

4. 村集体经济组织应当建立健全对外投资业务内部控制制度，明确审批人和经办人的权限、程序、责任和相关控制措施。对于审批人超越授权审批的对外投资业务，经办人有权拒绝办理，并及时向民主理财小组或上级主管部门反映。

（1）对外投资业务，应当实行集体决策，严禁任何个人擅自决定对外投资或者改变集体决策意见。

（2）应当建立对外投资责任追究制度，对在对外投资中出现重大决策失误、未履行集体审批程序和不按规定执行对外投资业务的人员，应当追究相应的责任。

（3）应当对对外投资业务各环节设置相应的记录或凭证，加强对审批文件、投资合同或协议、投资方案书、对外投资有关权益证书、对外投资处置决议等文件资料的管理，明确各种文件资料的取得、归档、保管、调阅等各个环节的管理规定及相关人员的职责权限。

（4）应当加强投资收益的控制，对外投资获取的利息、股利以及其他收益，均应纳入会计核算，严禁设置账外账。

（5）应当定期或不定期对对外投资业务内部控制进行监督检查，对发现的薄弱环节，应当及时采取措施，加以纠正和完善。

5. 村集体经济组织要建立有价证券管理制度，加强对各种有价证券的管理。要建立有价证券登记簿，详细记载各种有价证券的名称、券别、购买日期、号码、数量和金额。有价证券要由专人管理。

二、短期投资核算

短期投资指能够随时变现并且持有时间不准备超过一年（含一年）的有价证券等投资，通过"短期投资"科目核算。

"短期投资"科目核算村集体经济组织购入的各种能随时变现并且持

有时间不准备超过一年（含一年）的股票、债券等有价证券等投资。本科目应按短期投资的种类设置明细科目，如按股票投资、债券投资设置二级明细科目，股票投资、债券投资还可以分别按照股票、债券名称设置三级明细科目进行明细核算。本科目的期末借方余额，反映村集体经济组织实际持有的对外短期投资的成本。

[例3-33] 村集体经济组织于5月15日以A银行存款购入B公司股票25 000股，作为短期投资，每股买价8.70元，其中含有已宣告尚未支付的现金股利每股0.2元，股价登记日为5月20日。另支付相关税费1 100元，6月10日收到A公司发放的现金股利。会计分录为：

（1）5月15日：

借：短期投资——股票投资（B股票） 213 600
　　应收款——B公司 5 000
　　贷：银行存款——人民币（A银行） 218 600

（2）6月10日：

借：银行存款——人民币（A银行） 5 000
　　贷：应收款——B公司 5 000

[例3-34] 村集体经济组织以A银行存款从证券市场购买C公司股票10 000股，每股成交价格为9元，另支付相关税费400元。会计分录为：

借：短期投资——股票投资（C股票） 90 400
　　贷：银行存款——人民币（A银行） 90 400

三、长期投资核算

长期投资指不准备在一年内（不含一年）变现的有价证券等投资，通过"长期投资"科目核算。"长期投资"科目核算村集体经济组织不准备在一年内（不含一年）变现的投资，包括股票投资、债券投资和村集体经济组织举办企业等投资。本科目应按长期投资的种类设置明细科目，进行明细核算。期末借方余额，反映村集体经济组织对外长期投资的实际成本。

第六节 村集体经济组织固定资产的核算

一、固定资产核算与管理的基本要求

固定资产是指村集体经济组织的房屋、建筑物、机器、设备、工具、器具和农业基本建设设施等劳动资料，使用年限在一年以上，单位价值在 500 元以上的资产。有些主要生产工具和设备，单位价值虽低于规定标准，但使用年限在一年以上的，也可列为固定资产。

1. 固定资产的入账价值。

（1）购入的固定资产，不需要安装的，应按实际支付的买价加采购费、包装费、运杂费、保险费和交纳的有关税金等计价；需要安装或改装的，还应加上安装费或改装费。

（2）新建的房屋及建筑物、农业基本建设设施等固定资产，应按竣工验收的决算价计价。

（3）接受捐赠的固定资产，应按发票所列金额加上实际发生的运输费、保险费、安装调试费和应支付的相关税金等计价；无所附凭据的，按同类设备的市价加上应支付的相关税费计价。

（4）在原有固定资产基础上进行改造、扩建的，应按原有固定资产的价值，加上改造、扩建工程而增加的支出，减去改造、扩建工程中发生的变价收入计价。

（5）投资者投入的固定资产，应按照投资各方确认的价值计价。

（6）盘盈的固定资产，应按同类设备的市价计价。

2. 村集体经济组织的在建工程指尚未完工或虽已完工但尚未办理竣工决算的工程项目。在建工程按实际消耗的支出或支付的工程价款计价。形成固定资产的在建工程完工交付使用后，计入固定资产。不形成固定资产的在建工程项目完成后，计入经营支出或其他支出。在建工程部分发生报废或者毁损，按规定程序批准后，按照扣除残料价值和过失人及保险公司赔款后的净损失，计入工程成本。单项工程报废以及由于自然灾害等非常

原因造成的报废或者毁损，其净损失计入其他支出。

3. 村集体经济组织必须建立固定资产折旧制度，按年或按季、按月提取固定资产折旧。固定资产的折旧方法可在"平均使用年限法""工作量法"等方法中任选一种，但是一经选定，不得随意变动。

村集体经济组织的下列固定资产应当计提折旧：

（1）房屋和建筑物；

（2）在用的机械、机器设备、运输车辆、工具器具；

（3）季节性停用、大修理停用的固定资产；

（4）融资租入和以经营租赁方式租出的固定资产。

4. 村集体经济组织下列固定资产不计提折旧：

（1）房屋、建筑物以外的未使用、不需用的固定资产；

（2）以经营租赁方式租入的固定资产；

（3）已提足折旧继续使用的固定资产；

（4）国家规定不提折旧的其他固定资产。

5. 村集体经济组织当月增加的固定资产，当月不提折旧，从下月起计提折旧；当月减少的固定资产，当月照提折旧，从下月起不提折旧。固定资产提足折旧后，不管能否继续使用，均不再提取折旧；提前报废的固定资产，也不再补提折旧。

6. 村集体经济组织固定资产的修理费用直接计入有关支出项目。固定资产变卖和清理报废的变价净收入与其账面净值的差额计入其他收支。固定资产变价净收入是指变卖和清理报废固定资产所取得的价款减清理费用后的净额。固定资产净值是指固定资产原值减累计折旧额后的净额。

7. 村集体经济组织应当建立健全固定资产内部控制制度，建立人员岗位责任制。应当定期对固定资产盘点清查，做到账实相符，年度终了前必须进行一次全面的盘点清查。

二、固定资产增加的核算

（一）购入的固定资产

购入不需要安装的固定资产，按实际支付的买价加采购费、包装费、运杂费、保险费和交纳的有关税金等：

借：固定资产——机器设备（××设备）
　　贷：银行存款——人民币（××金融机构）
　　　　应付款——单位（××单位）
　　　　　　——个人（××人）

购入需要安装的固定资产，应先通过"在建工程"科目核算其实际购置和安装成本，待安装完毕交付使用时再转入"固定资产"科目。

[例3-35] 村集体经济组织购入需要安装的A设备一台，以A银行存款支付价款60 000元（含税），以现金支付运输费用1 000元、安装费用4 000元。

（1）支付设备价款、运输费用、安装费用合计65 000元：

借：在建工程——A设备安装工程（设备费用）　　61 000
　　　　　　　　　　　　　　　（人工费用）　　 4 000
　　贷：银行存款——人民币（A银行）　　　　　60 000
　　　　现金——人民币　　　　　　　　　　　　 5 000

（2）安装完工、验收合格交付使用后，按实际成本转账：

借：固定资产——机器设备（A设备）　　　　　　65 000
　　贷：在建工程——A设备安装工程（设备费用）　61 000
　　　　　　　　　　　　　　　　（人工费用）　 4 000

（二）自行建造的固定资产

村集体经济组织自营工程主要通过"在建工程"科目进行核算，"在建工程"科目主要核算村集体经济组织为工程所发生的实际支出，以及改扩建工程等转入的固定资产净值。

[例3-36] 村集体经济组织新建牛棚10幢，购入建筑A材料一批，支付价款共计600 000元，全部用A银行存款支付，建设过程中领用建筑A材料500 000元，为牛棚建设应付甲单位劳务费用50 000元，款尚未支付，另以A银行存款支付工程水电费7 000元。工程完工，验收并交付使用。相关会计处理如下：

（1）购入工程用建筑材料时：

借：库存物资——A材料　　　　　　　　　　　　600 000
　　贷：银行存款——人民币（A银行）　　　　　600 000

（2）工程开工，领用A建筑材料时：

借：在建工程——牛棚工程（材料费用）　　　500 000
　　贷：库存物资——A 材料　　　　　　　　　　　500 000
（3）应付建设工程劳务费用：
借：在建工程——牛棚工程（人工费用）　　　 50 000
　　贷：应付款——甲单位　　　　　　　　　　　　50 000
（4）支付工程水电费时：
借：在建工程——牛棚工程（其他费用）　　　 7 000
　　贷：银行存款——人民币（A 银行）　　　　　　 7 000
（5）牛棚工程完工，验收合格后交付使用时：
借：固定资产——房屋建筑物（牛棚）　　　 557 000
　　贷：在建工程——牛棚工程（材料费用）　　　 500 000
　　　　　　　——牛棚工程（人工费用）　　　　　 50 000
　　　　　　　——牛棚工程（其他费用）　　　　　 7 000

（三）改建、扩建的固定资产

对于改建扩建的固定资产价值的确认，按原有固定资产的账面价值，加上由于改建扩建而增加的支出，减去改建扩建过程中发生的变价收入后的余额作为改建扩建固定资产的原值。

[例 3-37] 村集体经济组织为了扩大生产规模，决定对原有牛棚进行扩建，该牛棚的原值为 700 000 元，已提折旧 200 000 元，以银行存款支付拆除费用 50 000 元，收回材料变价收入 10 000 元存入 A 银行。该牛棚扩建承包给甲建筑公司，合同规定一次性支付其扩建材料、人工及管理费等价款共计 500 000 元。

（1）将原牛棚转入扩建：
借：在建工程——牛棚工程（其他费用）　　　500 000
　　累计折旧——房屋建筑物（牛棚）　　　　 200 000
　　贷：固定资产——房屋建筑物（牛棚）　　　　 700 000
（2）支付拆除费用时：
借：在建工程——牛棚工程（其他费用）　　　 50 000
　　贷：银行存款——人民币（A 银行）　　　　　　50 000
（3）收到拆除材料的变价收入时：
借：银行存款——人民币（A 银行）　　　　　 10 000

贷：在建工程——牛棚工程（其他费用）　　　10 000
（4）以银行存款支付承包单位承包费用时：
　　借：在建工程——牛棚工程（其他费用）　　　500 000
　　　贷：银行存款——人民币（A银行）　　　　　500 000
（5）扩建工程完工验收合格，牛棚交付使用时：
　　借：固定资产——房屋建筑物（牛棚）　　　　1 040 000
　　　贷：在建工程——牛棚工程（其他费用）　　　1040 000

（四）投资者投入的固定资产

[例3-38] 村集体经济组织收到村民张波投入全新的B设备一台，确认价格为10 000元，经过村民大会批准，张波拥有以村集体经济组织注册资本份额计算的资本金额8 000元。

　　借：固定资产——机器设备（B设备）　　　　10 000
　　　贷：资本——个人资本金（张波）　　　　　　8 000
　　　　　公积公益金——其他　　　　　　　　　　2 000

（五）接受捐赠的固定资产

[例3-39] 村集体经济组织接受某单位捐赠已使用过的A设备一台，原价4 000元，目前市场同类产品估价3 500元，村集体经济组织负担运费100元。

计算村集体经济组织接受捐赠A设备成本，以市场同类A设备估价加上由村集体经济组织负担的各项费用合计：3 500 + 100 = 3 600（元）。

　　借：固定资产——机器设备（A设备）　　　　3 600
　　　贷：公积公益金——接受捐赠资产　　　　　3 500
　　　　　现金——人民币　　　　　　　　　　　　100

（六）国家财政直接补助资金形成固定资产

村集体经济组织用其接受的国家财政直接补助资金，建造固定资产。在接受财政补助资金时：

　　借：银行存款——人民币（××金融机构）
　　　贷：补助收入——××项目

[例3-40] 村集体经济组织接受县财政补助资金项目100 000元，项

目规定该项资金全部用于建造牛棚，村集体经济组织购买建牛棚用建筑 A 材料 50 000 元，A 设备 80 000 元，建设牛棚过程中，领用建筑 A 材料金额总计 50 000 元，用 A 银行存款支付建筑工人劳务费 20 000 元，牛棚建设后期，领用 A 设备进行安装，并支付安装费用 5 000 元，全部工程支付水电费 5 000 元，牛棚建设完毕验收合格，投入使用。

(1) 收到国家补助资金时：

借：银行存款——人民币（A 银行）　　　　　100 000
　　贷：补助收入——牛棚建造补助　　　　　　　100 000

(2) 购买建筑材料时：

借：库存物资——A 材料　　　　　　　　　　50 000
　　贷：银行存款——人民币（A 银行）　　　　　50 000

(3) 购买 A 设备时：

借：库存物资——A 设备　　　　　　　　　　80 000
　　贷：银行存款——人民币（A 银行）　　　　　80 000

(4) 建设牛棚，领用建筑材料时：

借：在建工程——牛棚工程（材料费用）　　　50 000
　　贷：库存物资——A 材料　　　　　　　　　　50 000

(5) 支付工人劳务费时：

借：在建工程——牛棚工程（人工费用）　　　20 000
　　贷：银行存款——人民币（A 银行）　　　　　20 000

(6) 领用并安装 A 设备时：

借：在建工程——牛棚工程（设备费用）　　　85 000
　　贷：库存物资——A 设备　　　　　　　　　　80 000
　　　　银行存款——人民币（A 银行）　　　　　5 000

(7) 支付工程水电费时：

借：在建工程——牛棚工程（其他费用）　　　5 000
　　贷：银行存款——人民币（A 银行）　　　　　5 000

(8) 工程完工，交付使用时：

借：固定资产——房屋建筑物（牛棚）　　　　75 000
　　　　　　——机器设备（A 设备）　　　　　85 000
　　贷：在建工程——牛棚工程（材料费用）　　　50 000
　　　　　　　　——牛棚工程（人工费用）　　　20 000

——牛棚工程（设备费用）　　　　　　85 000
　　——牛棚工程（其他费用）　　　　　　 5 000

三、固定资产折旧的核算

固定资产折旧是指固定资产价值的磨损，折旧额就是固定资产价值的磨损数额。计提固定资产折旧额就是在固定资产使用寿命期内，按照规定的方法计算出折旧额，并对应计提折旧额进行系统分摊。村集体经济组织必须建立固定资产折旧制度，按年或按季、按月计提固定资产折旧。一般来说，经济业务少的，可按季度提取折旧；经济业务较多的，应按月提取折旧。

（一）固定资产折旧的范围

1. 房屋和建筑物（不论是否使用）。
2. 在用的机械、机器设备、运输车辆、工具器具。
3. 季节性停用和大修理停用的固定资产。其中，季节性使用的固定资产，要在使用期内提足全年折旧。
4. 融资租入和以经营租赁方式租出的固定资产。

（二）不计提折旧的固定资产的范围

1. 房屋和建筑物以外的未使用、不需用的固定资产。
2. 以经营租赁方式租入和以融资租赁方式租出的固定资产。
3. 已提足折旧仍继续使用的固定资产。
4. 国家规定不提折旧的其他固定资产。

当月增加的固定资产，当月不提折旧，从下月起计提折旧；当月减少的固定资产，当月仍提折旧，从下月起停止计提折旧。固定资产提足折旧后，不论能否继续使用，均不再提取折旧；提前报废的固定资产，也不再补提折旧。

处于更新改造过程中而停止使用的固定资产，因已经转入在建工程，不计提折旧，待更新改造项目达到预计可使用状态转为固定资产后，再按重新确定的折旧方法和尚可使用的年限计提折旧。

(三) 固定资产折旧的计算方法

固定资产的折旧方法可在"平均年限法""工作量法"等方法中任选一种。折旧方法一经选定，不得随意变动。

(四) 固定资产折旧的账务处理

固定资产折旧应该按其用途和使用地点，计入有关的支出项目，以便使固定资产损耗价值得到及时补偿。村集体经济组织生产经营用固定资产计提的折旧，记入"生产（劳务）成本"科目；管理用固定资产计提的折旧，记入"管理费用"科目；公益性用途等固定资产计提的折旧，记入"其他支出"科目。借记"生产成本""管理费用""其他支出"科目，贷记"累计折旧"科目。

[例3-41] 村集体经济组织本季度应计提固定资产折旧额30 000元，其中生产经营用固定资产折旧25 000元（房屋建筑物20 000元、机器设备5 000元），管理用固定资产折旧3 000元（房屋建筑物2 000元、办公设备1 000元），公益性固定资产折旧2 000元（房屋建筑物1 000元、办公设备1 000元）。

```
借：生产成本——××产品（制造费用）      25 000
    管理费用——折旧费                    3 000
    其他支出——折旧费                    2 000
  贷：累计折旧——房屋建筑物              23 000
            ——机器设备                  5 000
            ——办公设备                  2 000
```

四、固定资产减少的核算

固定资产减少是指村集体经济组织因销售、报废、毁损、盘亏、投出、捐出固定资产等，而需注销账面价值，保持账实相符的情况。

"固定资产清理"科目核算村集体经济组织因出售、报废和毁损等原因转入清理的固定资产净值及其在清理过程中所发生的清理费用和清理收入。本科目应按被清理的固定资产设置明细科目，进行明细核算。

（一）出售、报废和毁损固定资产的核算

[**例 3-42**] 村集体经济组织将一台不需用的 A 载货汽车对外出售。其账面原值为 60 000 元，累计已提折旧 24 000 元，协议价 40 000 元，收到价款存入 A 银行，另以现金支付载货汽车运杂费用 500 元。

(1) 载货汽车转入清理，注销原价及累计折旧时：

借：固定资产清理——运输设备（A 载货汽车）　　　36 000
　　累计折旧——运输设备（A 载货汽车）　　　　　24 000
　　　贷：固定资产——运输设备（A 载货汽车）　　　　　　60 000

(2) 发生清理费用时：

借：固定资产清理——运输设备（A 载货汽车）　　　500
　　　贷：现金——人民币　　　　　　　　　　　　　　　　500

(3) 出售汽车收入时：

借：银行存款——人民币（A 银行）　　　　　　　　40 000
　　　贷：固定资产清理——运输设备（A 载货汽车）　　　　40 000

(4) 结转载货汽车清理净收益时：

借：固定资产清理——运输设备（A 载货汽车）　　　3 500
　　　贷：其他收入——固定资产变价净收入　　　　　　　　3 500

（二）投资或捐赠转出固定资产的核算

长期投资转出固定资产时：

借：长期投资——其他投资（××单位或个人）【评估确认或合同、
　　　　协议约定的价值】
　　累计折旧——机器设备（××设备）【已提折旧数额】
　　　　　　——运输设备（××设备）【已提折旧数额】
　　　　　　——其他设备（××设备）【已提折旧数额】
　　公积公益金——资产评估增值【评估确认或合同、协议约定价值
　　　　与净值之间的差额】
　　　贷：固定资产——机器设备（××设备）【账面原值】
　　　　　　　　　——运输设备（××设备）【账面原值】
　　　　　　　　　——其他设备（××设备）【账面原值】
　　　　公积公益金——资产评估增值【评估确认或合同、协议约定

价值与净值之间的差额】

村集体经济组织将现有固定资产捐赠转出时，应首先通过"固定资产清理"科目，对捐出固定资产的账面价值、发生的清理费用及应交纳的相关税费等进行核算，捐赠项目完成后，再将"固定资产清理"科目的余额转入"其他支出"科目，借记"其他支出"科目，贷记"固定资产清理"科目。

（三）盘亏固定资产的核算

[例 3-43] 村集体经济组织在财产清查中，盘亏柴油机一台，原价1 500元，已提折旧500元。经查明属于保管人员张军看护过失，决定由其赔偿现金400元。

  借：内部往来——张军   400
    其他支出——其他支出   600
    累计折旧——机器设备（柴油机） 500
   贷：固定资产——机器设备（柴油机）   1 500

第七节 村集体经济组织无形资产的核算

无形资产，是指村集体经济组织为生产商品或者提供劳务、出租给他人或为管理目的而持有的没有实物形态的资产，如村集体经济组织持有的专利权、非专利技术、商标权、著作权、土地使用权、特许权等。

一、无形资产取得的核算

无形资产在取得时，应按实际成本计量。取得时的实际成本按以下方法确定：

1. 购入的无形资产，按实际支付的价款作为实际成本。
2. 投资者投入的无形资产，按投资各方确认的价值作为实际成本。
3. 接受的债务人以非现金资产抵偿债务方式取得的无形资产，或以应收债权换入无形资产的，按应收债权的账面价值加上应支付的相关税费，作为实际成本。

4. 以非货币性交易换入的无形资产，按换出资产的账面价值加上应支付的相关税费，作为实际成本。

5. 接受捐赠的无形资产，应按以下规定确定其实际成本：

（1）捐赠方提供了有关凭据的，按凭据上标明的金额加上应支付的相关税费，作为实际成本。

（2）捐赠方没有提供有关凭据的，按同类或类似无形资产的市场价格估计的金额，加上应支付的相关税费，作为实际成本。

6. 自行开发并按法律程序申请取得的无形资产，按依法取得时发生的注册费、聘请律师费等费用，作为无形资产的实际成本。在研究与开发过程中发生的材料费用、直接参与开发人员的工资及福利费、开发过程中发生的租金、借款费用等，直接计入当期损益。

村集体经济组织应设置"无形资产"科目核算无形资产的取得、摊销和处置。取得无形资产时，借记"无形资产"科目，贷记"银行存款"等科目；摊销无形资产时，借记"管理费用"科目，贷记"无形资产"科目；"无形资产"科目的期末余额在借方，反映村集体经济组织已入账但尚未摊销的无形资产的摊余价值。村集体经济组织应按无形资产的名称设置明细账户，进行明细核算。

[例 3 - 44] 集体经济组织自行研制一项果树嫁接栽培技术，研究费用 20 000 元，支付注册费 5 000 元，律师费 1 000 元，均以 A 银行存款支付。

（1）支付注册费、律师费时：

借：无形资产——果树嫁接栽培技术　　　　　6 000
　　贷：银行存款——人民币（A 银行）　　　　　6 000

（2）支付研究费用时：

借：管理费用——其他　　　　　　　　　　　20 000
　　贷：银行存款——人民币（A 银行）　　　　　20 000

二、无形资产摊销的核算

无形资产应当自取得当月起在预计使用年限内分期平均摊销，计入损益。如预计使用年限超过了相关合同规定的受益年限或法律规定的有效年限，该无形资产的摊销年限按如下原则确定：

1. 合同规定受益年限但法律没有规定有效年限的，摊销年限不应超过合同规定的受益年限。

2. 合同没有规定受益年限但法律规定有效年限的，摊销年限不应超过法律规定的有效年限。

3. 合同规定了受益年限，法律也规定了有效年限的，摊销年限不应超过受益年限和有效年限两者之中较短者。

如果合同没有规定受益年限，法律也没有规定有效年限的，摊销年限不应超过 10 年。

村集体经济组织在对无形资产价值进行摊销时，应将相关的摊销价值计入管理费用，即借记"管理费用"科目，贷记"无形资产"科目。

[例 3-45] 村集体经济组织接受捐赠果树嫁接栽培技术，以 12 000 元入账，按 10 年直线法摊销。

计算每月应摊销的价值 = 12 000 ÷ 10 ÷ 12 = 100（元）

借：管理费用——无形资产价值摊销　　　　　　100
　　贷：无形资产——果树嫁接栽培技术　　　　　　　100

三、无形资产处置的核算

村集体经济组织出售无形资产，应将所得价款与该项无形资产的账面价值之间的差额，计入其他收入或其他支出。

第四章

村集体经济组织负债的核算

第一节　村集体经济组织负债核算的基本要求

一、村集体经济组织负债概述

负债是村集体经济组织承担的、以货币计量的在将来需要以资产或劳务偿还的债务,它是指村集体经济组织过去的交易、事项形成的现有义务,履行该义务预期会导致经济利益流出。它代表着村集体经济组织偿债责任和债权人对资产的求索权。村集体经济组织负债分为流动负债和长期负债。

流动负债指偿还期在一年以内(含一年)的债务,包括短期借款、应付款项、应付工资、应付福利费、应交税费等。长期负债指偿还期超过一年以上(不含一年)的债务,包括长期借款及应付款、一事一议资金、专项应付款等。

二、村集体经济组织负债的特点

(一)负债是村集体经济组织承担的现时义务

负债必须是村集体经济组织承担的现时义务,是负债的一个基本特征。其中,现时义务是指村集体经济组织在现行条件下已承担的义务,未来发生的交易或者事项形成的义务，不属于现时义务，不应当确认为负债。

(二) 负债的清偿预期会导致经济利益流出村集体经济组织

预期会导致经济利益流出村集体经济组织也是负债的一个本质特征，只有村集体经济组织在履行义务时会导致经济利益的流出，才符合负债的定义。在履行现时义务时以现金偿还或以实物资产形式偿还；以提供劳务形式偿还；部分转移资产、部分提供劳务形式偿还；将负债转为资本等。

(三) 负债是由过去的交易或事项形成的

负债应当由村集体经济组织过去的交易或者事项所形成。只有过去的交易或者事项才形成负债。村集体经济组织在未来发生的承诺、签订的合同等交易或者事项，不形成负债。

(四) 负债以法律、有关制度条例或合同契约的承诺作为依据

负债实质上是村集体经济组织在一定时期之后必须偿还的经济债务，其偿还期或具体金额在它们发生或成立之时就已由合同、法规所规定与制约，是村集体经济组织必须履行的一种义务。

第二节 村集体经济组织流动负债的核算

流动负债是指偿还期限在一年以内（含一年）的债务，主要包括短期借款、应付款、应付工资、应付福利费和应交税费等。

一、短期借款的核算

(一) 短期借款的内容

短期借款是指村集体经济组织从银行、信用社和有关单位、个人借入

的期限在一年以下（含一年）的各种借款，通过"短期借款"科目核算。本科目应按借款单位或个人名称设置明细科目，进行明细核算。期末贷方余额，反映村集体经济组织尚未归还的短期借款的本金。

（二）取得短期借款的核算

村集体经济组织借入各种短期借款时，按实际借入的金额：

借：现金——人民币

　　银行存款——人民币（××金融机构）

　贷：短期借款——××单位或个人

[例4-1] 村集体经济组织向A农信社贷款100 000元，办完贷款手续后直接存入A银行。贷款合同约定，贷款期限为6个月，到期一次还本付息，贷款年利率为5%。

借：银行存款——人民币（A银行）　　　　100 000

　贷：短期借款——A农信社　　　　　　　　　　100 000

（三）短期借款还本付息的核算

村集体经济组织归还短期借款时，按实际归还的本金借记"短期借款"科目，按实际归还的短期借款利息借记"其他支出"科目，按实际归还的本息总额贷记"现金"或"银行存款"科目。

[例4-2] 接例4-1，6个月到期时，村集体经济组织用A银行存款偿还该项贷款本息。

利息金额为100 000×5%×(6÷12)=2 500元，会计分录为：

借：短期借款——A农信社　　　　　　　　100 000

　　其他支出——利息支出　　　　　　　　　2 500

　贷：银行存款——人民币（A银行）　　　　　　12 500

二、应付款的核算

（一）应付款的内容

应付款是指村集体经济组织与外部单位和外部个人发生的偿还期在一

年以下（含一年）的各种应付及暂收款项等，包括因购买库存物资和接受劳务、服务等应付的款项以及应付的赔款、利息等。

（二）应付款的核算

为反映应付款的形成、偿还、结余及管理情况，村集体经济组织应设置"应付款"科目，属于负债类科目。本科目应按应付款的不同单位和个人设置明细科目，进行明细核算。期末贷方余额，反映村集体经济组织应付而未付及暂收的款项。

[**例 4-3**] 村集体经济组织赊购外村村民张梅苹果 2 000 公斤，价款为 20 000 元。

借：库存物资——苹果　　　　　　　　　　　　20 000
　　贷：应付款——张梅　　　　　　　　　　　　　20 000

[**例 4-4**] 村集体经济组织有一笔应付款 1 000 元，因原债权人 A 单位撤销确实无法支付，经批准核销。

借：应付款——A 单位　　　　　　　　　　　　1 000
　　贷：其他收入——其他杂项收入　　　　　　　　1 000

三、应付工资的核算

（一）应付工资的内容

应付工资是指村集体经济组织应付给其管理人员及村民的报酬总额，包括各种工资、奖金、津贴、福利补助等。

（二）应付工资的核算

村集体经济组织应付给其管理人员及村民的报酬，不论是否在当月支付，都应通过"应付工资"科目核算。村集体经济组织付给临时工的报酬，不通过"应付工资"科目核算。临时工是非本村村民，通过"应付款"账户核算；"应付工资"科目应按照管理人员和村民的类别及应付工资的组成内容进行明细核算，如按行政管理人员工资、生产（劳务）人员工资、牲畜（禽）管理人员工资、林木管理人员工资、工程人员工资、其他人员工资设置二级明细科目，按工资、奖金、津贴、福利补助等设置三级明细科目。期末贷方余额，反映村集体经济组织已提取但尚未支付的工资额。有关"应付工资"科目应用会计分录如下：

（1）村集体经济组织按照经过批准的金额提取工资时，根据人员岗位：

借：管理费用——工资
　　生产（劳务）成本——××工业产品或农产品（直接人工）
　　牲畜（禽）资产——幼畜及育肥畜（××畜）
　　　　　　　　　——产役畜（××畜）
　　林木资产——经济林木（××林木）
　　　　　　——非经济林木（××林木）
　　在建工程——××工程（人工费用）
　　贷：应付工资——行政管理人员工资（工资）
　　　　　　　　　　　　　　　　（奖金）
　　　　　　　　　　　　　　　　（津贴）
　　　　　　　　　　　　　　　　（福利补助）
　　　　　　　　　　　　　　　　（其他补助）
　　　　　　——生产（劳务）人员工资（工资）
　　　　　　　　　　　　　　　　（奖金）
　　　　　　　　　　　　　　　　（津贴）
　　　　　　　　　　　　　　　　（福利补助）
　　　　　　　　　　　　　　　　（其他补助）
　　　　　　——牲畜（禽）管理人员工资（工资）
　　　　　　　　　　　　　　　　（奖金）
　　　　　　　　　　　　　　　　（津贴）
　　　　　　　　　　　　　　　　（福利补助）
　　　　　　　　　　　　　　　　（其他补助）
　　　　　　——林木管理人员工资（工资）
　　　　　　　　　　　　　　　　（奖金）
　　　　　　　　　　　　　　　　（津贴）
　　　　　　　　　　　　　　　　（福利补助）
　　　　　　　　　　　　　　　　（其他补助）
　　　　　　——工程人员工资（工资）

（奖金）

（津贴）

（福利补助）

（其他补助）

（2）按规定程序批准后，实际发放工资时：

借：应付工资——行政管理人员工资（工资）

（奖金）

（津贴）

（福利补助）

（其他补助）

——生产（劳务）人员工资（工资）

（奖金）

（津贴）

（福利补助）

（其他补助）

——牲畜（禽）管理人员工资（工资）

（奖金）

（津贴）

（福利补助）

（其他补助）

——林木管理人员工资（工资）

（奖金）

（津贴）

（福利补助）

（其他补助）

——工程人员工资（工资）

（奖金）

（津贴）

（福利补助）

（其他补助）

贷：现金——人民币

银行存款——人民币（××金融机构）

四、应付福利费的核算

（一）应付福利费的内容

应付福利费是指村集体经济组织从收益中提取，用于集体福利、文教、卫生等方面的福利费（不包括兴建集体福利等公益设施支出），包括照顾烈军属、五保户、困难户的支出，计划生育支出，农民因公伤亡的医药费、生活补助及抚恤金等。

（二）应付福利费的核算

"应付福利费"科目应按支出项目设置明细科目，如按文化教育支出、卫生支出、照顾烈军属支出、照顾五保户支出、照顾困难户支出、计划生育支出、村民因公伤亡医药费、村民因公伤亡生活补助、村民因公伤亡抚恤金、其他福利支出和提取额设置二级明细科目，进行明细核算。期末贷方余额，反映村集体经济组织已提取但尚未使用的福利费金额。如为借方余额，反映本年福利费超支数；按规定程序批准后，应按规定转入"公积公益金"科目的借方，未经批准的超支数额，仍保留在本科目借方。有关"应付福利费"科目应用会计分录如下：

（1）村集体经济组织按照经批准的方案，从收益中提取福利费时：

借：收益分配——各项分配（提取福利费）
    贷：应付福利费——提取额

（2）发生上述支出时：

借：应付福利费——文化教育支出
           ——卫生支出
           ——照顾烈军属支出
           ——照顾五保户支出
           ——照顾困难户支出
           ——计划生育支出
           ——村民因公伤亡医药费
           ——村民因公伤亡生活补
           ——村民因公伤亡抚恤金

——其他福利支出

贷：现金——人民币

银行存款——人民币（××金融机构）

[例4-5] 村集体经济组织按照经批准的方案，从收益中提取福利费60 000元，以现金支付照顾烈军属10 000元、五保户15 000元、困难户5 000元。会计分录如下：

（1）提取福利费时：

借：收益分配——各项分配（提取福利费） 60 000

贷：应付福利费——提取额 60 000

（2）发生上述支出时：

借：应付福利费——照顾烈军属支出 10 000

——照顾五保户支出 15 000

——照顾困难户支出 5 000

贷：现金——人民币 30 000

五、应交税费的核算

"应交税费"科目核算村集体经济组织应交纳的各种税费。村集体经济组织应按所交纳的税费种类进行明细核算。如按应交增值税、应交城建税、应交教育费附加、应交房产税、应交土地使用税、应交车船使用税、应交个人所得税、应交企业所得税等设置二级明细科目，进行明细核算。

第三节 村集体经济组织长期负债的核算

村集体经济组织的长期负债是指偿还期限超过一年以上（不含一年）的债务，包括长期借款及应付款、一事一议资金和专项应付款等。

一、长期借款及应付款的核算

（一）长期借款及应付款的内容

长期借款及应付款是指村集体经济组织从银行、信用社和有关单位、个人借入的期限在一年以上（不含一年）的借款及偿还期在一年以上（不含一年）的应付款项。

（二）长期借款及应付款的核算

"长期借款及应付款"科目应按借款及应付款单位和个人设置明细科目，进行明细核算。期末贷方余额，反映村集体经济组织尚未偿还的长期借款及各种应付款项。

[例 4-6] 2008 年 7 月 1 日，村集体经济组织向 A 农信社贷款 200 000 元，并已到账。贷款合同约定借款期限为 2 年，年利率为 6%，每半年偿还一次利息，到期时偿还本金和剩余利息。

（1）村集体经济组织发生长期借款时：

借：银行存款——人民币（A 农信社）　　　　200 000
　　贷：长期借款及应付款——A 农信社（本金）　　200 000

（2）2008 年末计提 A 农信社贷款利息时：

该项长期贷款利息：200 000 × 6% × (6 ÷ 12) = 6 000（元）

借：其他支出——利息支出　　　　　　　　　　6 000
　　贷：长期借款及应付款——A 农信社（借款利息）　6 000

（3）2008 年 12 月 31 日，村集体经济组织按贷款合同约定支付 A 农信社贷款利息：

借：长期借款及应付款——A 农信社（借款利息）　6 000
　　贷：银行存款——人民币（A 农信社）　　　　6 000

（4）2009 年 6 月 30 日和 12 月 31 日计提、支付 A 农信社贷款利息同上。

（5）待到 2010 年 6 月 30 日时，村集体经济组织归还贷款本金及利息：

借：长期借款及应付款——A 农信社（本金）　　200 000
　　其他支出——利息支出　　　　　　　　　　6 000
　　贷：银行存款——人民币（A 农信社）　　　　206 000

二、一事一议资金的核算

（一）一事一议资金的内容

一事一议资金是指村集体经济组织兴办生产、公益事业，按一事一议的形式筹集的专项资金。

（二）一事一议资金的核算

"一事一议资金"科目应按所议项目设置明细科目，进行明细核算。同时，必须另设备查账簿对一事一议资金的筹集和使用情况进行登记。期末贷方余额，反映村集体经济组织应当用于一事一议专项工程建设的资金；期末借方余额，反映村集体经济组织一事一议专项工程建设的超支数。

（1）村集体经济组织应于一事一议筹资方案经成员大会或成员代表大会通过时：

借：内部往来——村民（××村民）
　　贷：一事一议资金——××项目

收到村民交来的一事一议专项筹资时：

借：现金——人民币
　　贷：内部往来——村民（××村民）

（2）村集体经济组织使用一事一议资金购入不需要安装的固定资产时：

借：固定资产——机器设备（××设备）
　　　　　　——运输设备（××设备）
　　　　　　——工具器具（××工具器具）
　　　　　　——办公设备（××设备）
　　　　　　——其他设备（××设备）
　　贷：现金——人民币
　　　　银行存款——人民币（××金融机构）

同时：借：一事一议资金——××项目
　　　　贷：公积公益金——其他（一事一议资金）

（3）村集体经济组织使用一事一议资金购入需要安装或建造的固定资产时：

借：在建工程——××工程（设备费用）
　　贷：现金——人民币
　　　　银行存款——人民币（××金融机构）

固定资产完工后：

借：固定资产——机器设备（××设备）
　　　　　　——运输设备（××设备）
　　　　　　——工具器具（××工具器具）
　　　　　　——办公设备（××设备）
　　　　　　——其他设备（××设备）
　　贷：在建工程——××工程（设备费用）
　　　　　　　　——××工程（材料费用）
　　　　　　　　——××工程（人工费用）
　　　　　　　　——××工程（其他费用）

同时：

借：一事一议资金——××项目
　　贷：公积公益金——其他（一事一议资金）

（4）村集体经济组织对于使用一事一议资金而没有形成固定资产的项目，在项目支出发生时：

借：在建工程——××工程（设备费用）
　　　　　　——××工程（材料费用）
　　　　　　——××工程（人工费用）
　　　　　　——××工程（其他费用）
　　贷：现金——人民币
　　　　银行存款——人民币（××金融机构）

项目完成后按使用的一事一议资金金额：

借：管理费用——××工程费用
　　其他支出——××工程费用
　　贷：在建工程——××工程（设备费用）
　　　　　　　　——××工程（材料费用）
　　　　　　　　——××工程（人工费用）
　　　　　　　　——××工程（其他费用）

同时：借：一事一议资金——××项目
　　　　贷：公积公益金——一事一议费用

[**例4-7**] 村集体经济组织村民代表大会通过修一条村西公路，筹资200 000元，由全村200农户各出资1 000元，出包给济南路桥公司施工，2个月后村公路完工交付使用。

(1) 村公路筹资方案经村集体经济组织村民代表大会通过时：

借：内部往来——村民——××村民（200人的名字）

                200 000

  贷：一事一议资金——村西公路   200 000

(2) 收到农户交来的村西公路筹资款时：

借：现金——人民币   200 000

  贷：内部往来——村民——××村民（200人的名字）

                200 000

(3) 使用村西公路筹资款以A农信社预付济南路桥公司施工费100 000元时：

借：在建工程——村西公路工程（其他费用） 100 000

  贷：银行存款——人民币（A农信社） 100 000

(4) 村西公路完工后，经验收合格，并支付剩余工程款时：

借：在建工程——村西公路工程（其他费用） 100 000

  贷：银行存款——人民币（A农信社） 100 000

同时：

借：固定资产——房屋建筑物（村西公路） 200 000

  贷：在建工程——村西公路工程（其他费用） 200 000

同时：

借：一事一议资金——村西公路   200 000

  贷：公积公益金——其他（村西公路） 200 000

三、专项应付款的核算

"专项应付款"科目核算村集体经济组织收到国家拨入的具有专门用途的资金。本科目应按项目或拨款单位设明细账，进行明细核算。

(1) 收到专项拨款时：

借：银行存款——人民币（××金融机构）

  贷：专项应付款——××项目或单位

(2) 使用专项拨款时：

借：在建工程——××工程（设备费用）

    ——××工程（材料费用）

　　　　——××工程（人工费用）

　　　　——××工程（其他费用）

　　贷：银行存款——人民币（××金融机构）

如果形成固定资产，则：

借：固定资产——机器设备（××设备）

　　　　——运输设备（××设备）

　　　　——工具器具（××工具器具）

　　　　——办公设备（××设备）

　　　　——其他设备（××设备）

　　贷：在建工程——××工程（设备费用）

　　　　　　——××工程（材料费用）

　　　　　　——××工程（人工费用）

　　　　　　——××工程（其他费用）

同时：

借：专项应付款——××项目或单位

　　贷：公积公益金——拨款转入

如果未形成固定资产，报经批准后：

借：专项应付款——××项目或单位

　　贷：在建工程——××工程（设备费用）

　　　　　　——××工程（材料费用）

　　　　　　——××工程（人工费用）

　　　　　　——××工程（其他费用）

（3）缴回结余拨款时：

借：专项应付款——××项目或单位

　　贷：银行存款——人民币（××金融机构）

第五章

村集体经济组织所有者权益的核算

第一节 村集体经济组织所有者权益概述

一、所有者权益的概念

所有者权益是指村集体经济组织的资产扣除负债后由所有者享有的剩余权益，即净资产。

村集体经济组织的所有者和债权人均是村集体经济组织资金的提供者，因而所有者权益和负债（债权人权益）二者均是对村集体经济组织资产的要求权，但二者之间又存在着明显的区别。

1. 所有者权益在村集体经济组织经营期内可供村集体经济组织长期、持续地使用，村集体经济组织不必向投资人返还资本金；而负债则须按期返还给债权人，成为村集体经济组织负担的债务。

2. 村集体经济组织所有人凭其对村集体经济组织投入的资本，享受分配税后利润的权利；而债权人除按规定取得股息外，无权分配村集体经济组织的盈利。

3. 村集体经济组织所有人有权行使村集体经济组织的经营管理权，或者授权管理人员行使经营管理权；但债权人并没有经营管理权。

4. 村集体经济组织的所有者对村集体经济组织的债务和亏损负有无限的责任或有限的责任；而债权人与村集体经济组织的其他债务不发生关系，一般也不承担村集体经济组织的亏损。

二、所有者权益的内容

村集体经济组织所有者权益包括资本、公积公益金和未分配收益三部分。

所有者权益是村集体经济组织所有者对村集体经济组织净资产的所有权。一般情况下，村集体经济组织的所有者是其成员；少数有外来投资的村集体经济组织，所有者还包括外部投资者。为使所有者了解投入资本的保值增值情况以及村集体经济组织的资本积累情况，村集体经济组织应当认真进行所有者权益的核算，为所有者及有关方面正确决策提供可靠的资料。

第二节 村集体经济组织所有者权益的核算

村集体经济组织应设置"资本""公积公益金""本年收益"和"收益分配"等科目，对所有者权益进行总分类核算和明细分类核算。

一、资本的核算

资本是村集体经济组织及其村民或其他投资者实际投入村集体经济组织的各种资产的价值。它是进行生产经营活动的前提，也是村集体经济组织及其村民或其他投资者分享权益和承担义务的依据。

为了反映投资人实际投入的资本以及资本的增减变化情况，应设置"资本"科目，贷方登记实际收到的资本金额以及用公积公益金转增的资本数额，借方登记按规定程序减少的资本数额，期末贷方余额反映村集体经济组织实际拥有的资本总额。该账户应按国家资本金、法人资本金、个人资本金、外商资本金设置二级明细科目，按单位和个人设置三级明细科目进行明细核算。

1. 村集体经济组织收到货币资金投入的资本：
借：现金——人民币【实际收到的金额】

银行存款——人民币（×× 金融机构）【实际收到的金额】

贷：资本——国家资本金（×× 单位）【投资者应享有村集体经济组织注册资本的份额计算的金额】

——法人资本金（×× 单位）【投资者应享有村集体经济组织注册资本的份额计算的金额】

——个人资本金（×× 个人）【投资者应享有村集体经济组织注册资本的份额计算的金额】

——外商资本金（×× 外商）【投资者应享有村集体经济组织注册资本的份额计算的金额】

公积公益金——资本溢价【差额】

[例 5 - 1] 根据村集体经济组织和 A 单位签订的投资协议，A 单位向村集体经济组织投资 200 000 元，款存入 A 银行。协议约定入股份额占村集体经济组织股份的 20%，村集体经济组织原有资本 800 000 元。

A 单位投入到村集体经济组织的资金 200 000 元中，能够作为资本入账的数额是 160 000 元（800 000×20%），其余的 40 000 元，只能作为资本溢价，记入"公积公益金"科目。会计分录为：

借：银行存款——人民币（A 银行）　　　　　200 000
　　贷：资本——法人资本金（A 单位）　　　　160 000
　　　　公积公益金——其他　　　　　　　　　 40 000

2. 村集体经济组织收到非货币资金投入的资本，按投资评估价格或各方确认的价值，借记"库存物资""固定资产""无形资产"等科目，贷记本科目，按投资者应享有村集体经济组织注册资本的份额计算的金额，贷记本科目，按两者之间的差额，贷记或借记"公积公益金"科目。

[例 5 - 2] 村集体经济组织收到村民张波投入甲材料一批，评估确认价 100 000 元。

借：库存物资——甲材料　　　　　　　　　　100 000
　　贷：资本——个人资本金（张波）　　　　 100 000

二、公积公益金的核算

公积公益金是村集体经济组织用于扩大生产经营、承担经营风险及集体公益事业的公共积累资金，来源包括按收益提取、接受捐赠资产、资产评估增值、土地补偿费、拍卖荒山使用权收入、拍卖荒地使用权收入、拍卖荒水使用权收入、拍卖荒滩使用权收入等，用途包括转增资本，弥补亏损等。

"公积公益金"科目核算村集体经济组织从收益中提取的和其他来源取得的公积公益金。本科目可按收益提取、接受捐赠资产、资产评估增值、土地补偿费、拍卖荒山使用权收入、拍卖荒地使用权收入、拍卖荒水使用权收入、拍卖荒滩使用权收入、其他、转增资本和弥补亏损等设置二级明细科目，进行明细核算。本科目的期末贷方余额，反映村集体经济组织的公积公益金数额。村集体经济组织收到投资者投入的资产，双方确认的价值与按享有村集体经济组织注册资本份额计算的金额之差额，计入公积公益金。长期投资中，资产重估确认价值与原账面净值的差额计入公积公益金。

1. 从收益中提取公积公益金时，借记"收益分配"科目，贷记本科目。

[例5-3] 年终，村集体经济组织从当年盈余中提取公积公益金200 000元。会计分录为：

借：收益分配——各项分配（提取公积公益金）　　200 000
　　贷：公积公益金——收益提取　　　　　　　　　　200 000

2. 收到征用土地补偿费及拍卖荒山、荒地、荒水、荒滩等使用权价款或者收到由其他来源取得的公积公益金时，借记"银行存款"科目，贷记本科目。收到捐赠的资产时，借记"银行存款""库存物资""固定资产"等科目，贷记本科目。

[例5-4] 村集体经济组织收到国家征用土地补偿费1 000 000元，存入A银行。会计分录为：

借：银行存款——人民币（A银行）　　　　1 000 000
　　贷：公积公益金——土地补偿费　　　　　　1 000 000

3. 按国家有关规定，并按规定程序批准后，公积公益金转增资本、弥补亏损时：

借：公积公益金——转增资本金
　　　　　　　　——弥补亏损
　　贷：资本——个人资本金（××人）
　　　　收益分配——未分配收益

[例 5-5] 村集体经济组织按国家有关规定，并按规定程序批准，用公积公益金 200 000 元转增全村 200 户村民的资本金；用公积公益金 100 000 元弥补福利费。

借：公积公益金——转增资本　　　　　　　　　　200 000
　　　　　　　　——弥补福利费　　　　　　　　100 000
　贷：资本——个人资本金（200 户村民名字）　　200 000
　　　应付福利费——提取额　　　　　　　　　　100 000

三、本年收益的核算

"本年收益"科目核算村集体经济组织本年度实现的收益。

1. 会计期末结转经营收益时，应将"经营收入""发包及上交收入""补助收入""其他收入"科目的余额转入本科目的贷方，借记"经营收入""发包及上交收入""补助收入""其他收入"科目，贷记本科目；同时将"经营支出""其他支出""管理费用"科目的余额转入本科目的借方，借记本科目，贷记"经营支出""其他支出""管理费用"科目。"投资收益"科目的净收益转入本科目，借记"投资收益"，贷记本科目；如为投资净损失，借记本科目，贷记"投资收益"。

[例 5-6] 年末，村集体经济组织结转全年收入 2 800 000 元，其中，经营果品收入 2 200 000 元、鱼塘承包金收入 450 000 元、县财政一事一议补助收入 100 000 元、存款利息收入 50 000 元。全年支出 2 300 000 元，其中，经营果品支出 2 000 000 元、利息支出 50 000 元、管理费用 250 000 元（其中工资 100 000 元、办公费 20 000 元、差旅费 20 000 元、招待费 10 000 元、折旧费 50 000 元、修理费 30 000 元、其他费用 20 000 元）。向 A 单位投资收益（借方）10 000 元。会计分录如下：

借：经营收入——果品收入　　　　　　　　　　　2 200 000
　　发包及上交收入——承包金（鱼塘）　　　　　　450 000
　　补助收入——一事一议补助　　　　　　　　　　100 000
　　其他收入——存款利息收入　　　　　　　　　　 50 000
　贷：本年收益　　　　　　　　　　　　　　　　2 800 000

同时：

借：本年收益　　　　　　　　　　　　　　　　　2 300 000

  贷：经营支出——果品支出   2 000 000
    其他支出——利息支出   50 000
    管理费用——工资   100 000
       ——办公费   20 000
       ——差旅费   20 000
       ——招待费   10 000
       ——折旧费   50 000
       ——修理费   30 000
       ——其他费用   20 000

同时：
借：本年收益   10 000
  贷：投资收益——其他投资收益（A 单位）   10 000

  2. 年度终了，应将本年收入和支出相抵后的本年净收益，转入"收益分配"科目，借记"本年收益"科目，贷记"收益分配——未分配收益"科目。如为净亏损，做相反会计分录，结转后"本年收益"科目应无余额。

  [例 5 - 7] 承例 5 - 6，年末，村集体经济组织结转本年收益。会计分录：

本年收益 = 2 800 000 - 2 300 000 - 10 000 = 490 000（元）
借：本年收益   490 000
  贷：收益分配——未分配收益   490 000

四、收益分配的核算

  "收益分配"科目核算村集体经济组织当年收益的分配（或亏损的弥补）和历年分配后的结存余额。本科目设置"各项分配"和"未分配收益"两个二级科目，在"各项分配"下，按提取公积公益金、提取福利费、外来投资分利、村民分配、转赠资本和弥补亏损等设置三级明细科目，进行明细核算。借方余额为历年积存的未弥补的亏损，贷方余额为历年积存的未分配收益。

  1. 村集体经济组织用公积公益金弥补亏损时：
借：公积公益金——弥补亏损
  贷：收益分配——未分配收益

[例 5-8] 村集体经济组织用公积公益金弥补亏损 50 000 元。会计分录为：

借：公积公益金——弥补亏损　　　　　　　　　50 000
　　　贷：收益分配——未分配收益　　　　　　　　　50 000

2. 按规定提取公积公益金、提取应付福利费、外来投资分利，进行农户分配时：

借：收益分配——各项分配（提取公积公益金）
　　　　　　——各项分配（提取福利费）
　　　　　　——各项分配（外来投资分利）
　　　　　　——各项分配（村民分配）
　　贷：公积公益金——收益提取
　　　　应付福利费——提取额
　　　　应付款——单位（××单位）
　　　　　　——个人（××人）
　　　　内部往来——单位（××单位）
　　　　　　——村民（××村民）

[例 5-9] 村集体经济组织本年度实现盈余 500 000 元，根据经批准的盈余分配方案，按本年盈余的 5% 提取公积公益金、5% 提取福利费、10% 外来 A 单位投资分利、60% 进行村民（200 户）分配。会计分录为：

提取的公积公益金 = 500 000 × 5% = 25 000

提取的福利费 = 500 000 × 5% = 25 000

外来投资分利 = 500 000 × 10% = 50 000

村民分利 = 500 000 × 60% = 300 000

借：收益分配——各项分配（提取公积公益金）　　25 000
　　　　　　——各项分配（提取福利费）　　　　25 000
　　　　　　——各项分配（外来投资分利）　　　50 000
　　　　　　——各项分配（村民分配）　　　　　300 000
　　贷：公积公益金——收益提取　　　　　　　　25 000
　　　　应付福利费——提取额　　　　　　　　　25 000
　　　　应付款——单位（A 单位）　　　　　　　50 000
　　　　内部往来——村民（××村民）【200 户姓名】　300 000

3. 年终，村集体经济组织应将全年实现的收益总额，自"本年收益"

科目转入收益分配：

借：本年收益
　　贷：收益分配——未分配收益

如为净亏损，做相反会计分录：

借：收益分配——未分配收益
　　贷：本年收益

同时，将本科目下的"各项分配"明细科目的余额转入本科目下的"未分配收益"明细科目：

借：收益分配——未分配收益
　　贷：收益分配——各项分配（提取公积公益金）
　　　　　　　　——各项分配（提取福利费）
　　　　　　　　——各项分配（外来投资分利）
　　　　　　　　——各项分配（村民分配）

年度终了，收益分配科目的"各项分配"明细科目应无余额，"未分配收益"明细科目的贷方余额表示未分配的收益，借方余额表示未弥补的亏损。

［例 5-10］承例 5-9，村集体经济组织结转全年实现的收益总额 500 000 元。会计分录为：

借：本年收益　　　　　　　　　　　　　　500 000
　　贷：收益分配——未分配收益　　　　　　　　500 000

同时，将"收益分配"科目下的"各项分配"明细科目的余额转入本科目"未分配收益"明细科目：

借：收益分配——未分配收益　　　　　　　400 000
　　贷：收益分配——各项分配（提取公积公益金）　25 000
　　　　　　　　——各项分配（提取福利费）　　　25 000
　　　　　　　　——各项分配（外来投资分利）　　50 000
　　　　　　　　——各项分配（村民分配）　　　300 000

4. 年终结账后，如发现以前年度收益计算不准确，或有未反映的会计业务，需要调整增加或减少本年收益的，也在收益分配科目下未分配收益明细科目中核算。

（1）调整增加本年收益时：

借：有关科目

贷：收益分配——未分配收益

（2）调整减少本年收益时：

借：收益分配——未分配收益

　　贷：有关科目

第六章

村集体经济组织损益的核算

第一节 村集体经济组织收入的核算

一、村集体经济组织收入概述

村集体经济组织收入包括经营收入、发包及上交收入、补助收入和其他收入等。

1. 经营收入是指村集体经济组织进行各项生产、服务等经营活动取得的收入。包括库存物资销售收入、出租收入、劳务收入等。

村集体经济组织经营收入的确认,同时具备以下两个条件:

(1) 库存物资已经发出,劳务已经提供;

(2) 收讫价款或没有收讫价款,但已取得收取价款的凭据。

2. 村集体经济组织发包及上交收入是指农户和其他单位因承包村集体耕地、林地、果园、鱼塘等上交的承包金及村办企业上交的利润等。

3. 补助收入是指村集体经济组织获得的财政等有关部门的补助资金。

4. 其他收入是指除经营收入、发包及上交收入和补助收入以外的收入。

二、经营收入的核算

经营收入是指村集体经济组织进行生产、服务等经营活动取得的收入,包括产品物资销售收入、出租收入、劳务收入等。

为了反映经营收入的形成和经营支出的结转情况,村集体经济组织应当设置"经营收入""经营支出"科目进行核算。"经营收入"科目核算当年发生的各项经营收入,该科目贷方登记村集体经济组织实现的各项经营收入,借方登记发生的现金折扣、销售折让或退回时冲减的经营收入;年终,应将本科目的余额转入"本年收益"科目的贷方,结转后本科目应无余额。为详细反映经营收入的具体情况,本科目应按收入项目设置明细科目(如"产品物资销售收入""出租收入""劳务收入"等),进行明细核算。

[例6-1] 村集体经济组织出售冬暖式大棚蔬菜一批,价款100 000元,存入A银行,该批蔬菜成本为70 000元。会计分录为:

(1) 收到蔬菜价款

借:银行存款——人民币(A银行)　　　　　　100 000
　　贷:经营收入——蔬菜销售收入　　　　　　　　　100 000

(2) 结转蔬菜生产成本

借:经营支出——蔬菜销售成本　　　　　　　　70 000
　　贷:生产(劳务)成本——××工业产品或农产品(直接材料)
　　　　　　　　　　　　　　　　　　　　　　　　　50 000
　　　　　　　　　　　——××工业产品或农产品(直接人工)
　　　　　　　　　　　　　　　　　　　　　　　　　15 000
　　　　　　　　　　　——××工业产品或农产品(制造费用)
　　　　　　　　　　　　　　　　　　　　　　　　　5 000

[例6-2] 为农民提供玉米种子服务,收到销售种子款100 000元,存入A银行,种子采购加工成本为95 000元。会计分录为:

(1) 收到玉米种子款时:

借:银行存款——人民币(A银行)　　　　　　100 000
　　贷:经营收入——玉米种子销售收入　　　　　　　100 000

(2) 结转玉米采购加工成本时:

借:经营支出——蔬菜销售成本　　　　　　　　95 000
　　贷:生产(劳务)成本——××工业产品或农产品(直接材料)
　　　　　　　　　　　　　　　　　　　　　　　　　80 000
　　　　　　　　　　　——××工业产品或农产品(直接人工)
　　　　　　　　　　　　　　　　　　　　　　　　　10 000

　　　　　　　　——××工业产品或农产品（制造费用）
　　　　　　　　　　　　　　　　　　　　　5 000

[例6-3] 为村民提供农机耕作服务，收到现金10 000元。会计分录为：

　　借：现金——人民币　　　　　　　　　　10 000
　　　　贷：经营收入——农机耕作服务收入　　　　10 000

[例6-4] 村办建筑队负责铺设甲镇政府道路，合同劳务价款100 000元，已预收30 000元存入A银行，其余劳务价款暂欠。会计分录为：

　　借：银行存款——人民币（A银行）　　　30 000
　　　　应收款——甲镇政府　　　　　　　　70 000
　　　　贷：经营收入——劳务收入　　　　　　　100 000

三、发包及上交收入的核算

发包及上交收入是指农户和其他单位因承包集体耕地、林地、果园、鱼塘等上交的承包金及村（组）办企业上交的利润等。

1. 为了反映发包及上交收入的形成和结转情况，村集体经济组织应当设置"发包及上交收入"科目进行核算，该科目贷方登记村集体经济组织实现的发包及上交收入，借方登记结转至本年收益的发包及上交收入金额。年终，应将本科目的余额转入"本年收益"科目的贷方，结转后本科目应无余额。为详细反映发包及上交收入的具体情况，本科目下设"承包金"和"企业上交利润"两个二级明细科目，再按经营项目设置三级明细科目，进行明细核算。

2. 主要账务处理。

（1）村集体经济组织收到上交的承包金或利润时：
　　借：现金——人民币
　　　　银行存款——人民币（××金融机构）
　　　　贷：发包及上交收入——承包金（××经营项目）
　　　　　　　　　　　　——企业上交利润（××经营项目）

（2）年终，村集体经济组织结算本年应收未收的承包金和利润时：
　　借：内部往来——单位（××单位）
　　　　　　　——村民（××村民）

应收款——单位（××单位）
　　　　　——个人（××个人）
　　贷：发包及上交收入——承包金（××经营项目）
　　　　　　　　　　——企业上交利润（××经营项目）

（3）村集体经济组织收到以前年度应收未收的承包金和利润时：

借：现金——人民币
　　银行存款——人民币（××金融机构）
　　贷：内部往来——单位（××单位）
　　　　　　　　——村民（××村民）
　　　　应收款——单位（××单位）
　　　　　　　——个人（××个人）

[例6-5] 村集体经济组织将1 000亩村西荒山发包给村民张波，承包合同约定每年承包金为80 000元，收到村民张波交来的承包金50 000元存入A银行，余款30 000元暂欠。会计分录为：

借：银行存款——人民币（A银行）　　　　　50 000
　　内部往来——村民（张波）　　　　　　　30 000
　　贷：发包及上交收入——承包金（村西荒山发包）　80 000

[例6-6] 村集体经济组织与村办饲料厂签订包干经营合同，合同约定该厂年包交利润100 000元。收到村办饲料厂交来的利润60 000元存入A银行，余款40 000元暂欠。会计分录为：

借：银行存款——人民币（A银行）　　　　　60 000
　　内部往来——单位（饲料厂）　　　　　　40 000
　　贷：发包及上交收入——企业上交利润（饲料厂利润）
　　　　　　　　　　　　　　　　　　　　　100 000

四、补助收入的核算

补助收入是指村集体经济组织收到的财政等有关部门的补助资金。

为了反映补助收入的形成和结转情况，村集体经济组织应当设置"补助收入"科目进行核算，该科目贷方登记收到的补助收入金额，借方登记结转至本年收益的补助收入金额。年终，应将本科目的余额转入"本年收益"科目的贷方，结转后本科目应无余额。为详细反映补助收入的具体情况，应按补助项目设置明细科目，进行明细核算。主要账务处理如下：

1. 村集体经济组织收到补助资金时：

借：银行存款——人民币（××金融机构）
　　贷：补助收入——××项目

2. 年终，将本科目的余额转入"本年收益"科目的贷方，结转后本科目应无余额。

借：补助收入——××项目
　　贷：本年收益

[例 6-7] 村集体经济组织接镇政府通知，镇财政所已将当年财政转移支付资金 100 000 元转入本村 A 银行账户。会计分录为：

借：银行存款——人民币（A 银行）　　　　100 000
　　贷：补助收入——财政转移支付　　　　　　100 000

[例 6-8] 村集体经济组织接 A 银行通知，村第一书记争取的补助工作经费 10 000 元到账。会计分录为：

借：银行存款——人民币（A 银行）　　　　10 000
　　贷：补助收入——工作经费补助　　　　　　10 000

[例 6-9] 为保证村级组织正常运转，县委组织部下拨补助经费 20 000 元，开户行 A 银行通知款已到账。会计分录为：

借：银行存款——人民币（A 银行）　　　　20 000
　　贷：补助收入——工作经费补助　　　　　　20 000

五、其他收入的核算

其他收入是指村集体经济组织除"经营收入""发包及上交收入"和"补助收入"科目以外的其他收入，如罚款收入、存款利息收入、无法归还的债务、固定资产及库存物资的盘盈收入等。

为了反映其他收入的形成和结转情况，村集体经济组织应当设置"其他收入"科目进行核算。该科目贷方登记发生的其他收入金额，借方登记结转至本年收益的其他收入金额。年终，应将本科目的余额转入"本年收益"科目的贷方，结转后本科目应无余额。为详细反映其他收入的具体情况，应按其他收入项目（如罚款收入、存款利息收入、无法归还的债务、固定资产盘盈收入、库存物资盘盈收入和其他杂项收入等）设置明细科目，进行明细核算。

[例6-10] 村集体经济组织因甲果品公司未及时履行果品收购合同规定的收购量，按照合同规定将其定金50 000元不予退回。会计分录为：

借：应付款——单位（甲果品公司）　　　　　50 000
　　贷：其他收入——罚没收入　　　　　　　　　　50 000

[例6-11] 村集体经济组织年末进行清产核资，盘盈干果品一批，市场价约200元，盘盈台式电脑一台，市场价约300元。会计分录为：

借：库存物资——干果品　　　　　　　　　　　200
　　固定资产——办公设备（台式电脑）　　　　300
　　贷：其他收入——库存物资盘盈收入　　　　　　200
　　　　　　　　——固定资产盘盈收入　　　　　　300

[例6-12] 村集体经济组织应付甲单位2 000元已挂账8年，多次联系该单位未果，所欠款项确实无法偿还，经研究注销。会计分录为：

借：应付款——单位（甲单位）　　　　　　　2 000
　　贷：其他收入——无法偿还的债务　　　　　　　2 000

六、投资收益的核算

投资收益科目核算村集体经济组织对外投资取得的收益或发生的损失，包括通过入股或参股农业产业化龙头企业、农民合作社、村与村合作、村企联手共建、扶贫开发等形式取得的收益。

为了反映投资收益的形成和结转情况，村集体经济组织应当设置"投资收益"科目进行核算，该科目贷方登记发生的投资收益金额和登记结转至本年投资损失的金额，借方登记结转至本年收益的金额和投资损失金额。本科目应按投资种类设置明细科目，进行明细核算。

年终，应将本科目的余额转入"本年收益"科目的贷方；如为净损失，转入"本年收益"科目的借方，结转后本科目应无余额。主要账务处理如下：

1. 村集体经济组织取得投资收益时：

借：现金——人民币
　　银行存款——人民币（××金融机构）
　　贷：投资收益——股票投资收益（××股票投资收益）
　　　　　　　　——债券投资收益（××债券投资收益）

——其他投资收益（××投资收益）

2. 转让、收回投资或出售有价证券时：

借：现金——人民币【实际取得的价款】
　　银行存款——人民币（××金融机构）【实际取得的价款】
　　投资收益——股票投资收益（××股票投资收益）【差额】
　　　　　　——债券投资收益（××债券投资收益）【差额】
　　　　　　——其他投资收益（××单位或个人）【差额】
　贷：短期投资——股票投资（××股票投资）【原账面价值】
　　　　　　——债券投资（××债券投资）【原账面价值】
　　　　　　——其他投资（××单位或个人）【原账面价值】
　　　长期投资——股票投资（××股票投资）【原账面价值】
　　　　　　——债券投资（××债券投资）【原账面价值】
　　　　　　——其他投资（××单位或个人）【原账面价值】
　　　投资收益——股票投资收益（××股票投资收益）【差额】
　　　　　　——债券投资收益（××债券投资收益）【差额】
　　　　　　——其他投资收益（××单位或个人）【差额】

[例 6-13] 村集体经济组织以货币资金向波涛奶牛养殖场投资，年末收到所分红利 100 000 元存入本村开户行 A 银行。会计分录为：

借：银行存款——人民币（A 银行）　　　　100 000
　贷：投资收益——其他投资收益（波涛奶牛养殖场红利）
　　　　　　　　　　　　　　　　　　　100 000

[例 6-14] 村集体经济组织将 1 000 亩荒山投资甲旅游公司建设游客采摘园，年底应分红利 200 000 元，红利款尚未收到。会计分录为：

借：应收款——单位（甲旅游公司）　　　　200 000
　贷：投资收益——其他投资收益（甲旅游公司红利）
　　　　　　　　　　　　　　　　　　　200 000

[例 6-15] 县扶贫办投资建设甲太阳能发电厂，造价 3 000 000 元，按规定将产权平均量化给本村和其他 19 个村。年终分红 100 000 元，经协商作为本村对该厂的新增投资。会计分录为：

借：长期投资——甲太阳能发电厂　　　　100 000
　贷：投资收益——其他投资收益（甲太阳能发电厂红利）
　　　　　　　　　　　　　　　　　　　100 000

第二节 村集体经济组织成本费用的核算

一、生产（劳务）成本的核算

（一）生产（劳务）成本概述

生产（劳务）成本是指村集体经济组织直接组织生产或对外提供劳务等活动所发生的各项生产费用和劳务成本，包括各项直接支出和制造费用。直接支出包括直接材料（原材料、辅助材料、备品备件、燃料及动力等）和直接人工（生产人员的工资、补贴、福利费）。制造费用是指村集体经济组织生产部门为组织和管理生产所发生的各项费用，包括生产管理人员工资、生产用固定资产折旧费、维修费、修理费、办公费、差旅费、劳保费等。生产成本由直接材料、直接人工和制造费用三部分组成。

（二）生产（劳务）成本的会计处理

村集体经济组织为了核算直接组织生产或对外提供劳务等活动所发生的各项生产费用和劳务成本，应设置"生产（劳务）成本"科目。该科目借方登记按成本核算对象归集的各项生产费用和劳务成本，贷方登记完工入库的农产品或工业产成品成本以及已经实现销售的劳务实际成本，期末借方余额反映村集体经济组织尚未完成的产品及尚未结转的劳务成本；本科目应按生产费用和劳务成本的种类设置明细科目，进行明细核算。

主要账务处理为：

1. 发生的各项生产费用和劳务成本，应按成本核算对象归集：
借：生产（劳务）成本——××工业产品或农产品（直接材料）
　　　　　　　　　　——××工业产品或农产品（直接人工）
　　　　　　　　　　——××工业产品或农产品（制造费用）
　　　　　　　　　　——××劳务成本（直接材料）
　　　　　　　　　　——××劳务（直接人工）

　　　　　　　——××劳务（制造费用）
　　贷：现金——人民币
　　　　银行存款——人民币（××金融机构）
　　　　库存物资——××物资
　　　　内部往来——单位（××单位）
　　　　　　　——村民（××村民）
　　　　应付款——单位（××单位）
　　　　　　——个人（××个人）

2. 会计期间终了，对已生产完成并验收入库的工业产成品和农产品：
借：库存物资——××产品
　　贷：生产（劳务）成本——××工业产品或农产品（直接材料）
　　　　　　　　　　——××工业产品或农产品（直接人工）
　　　　　　　　　　——××工业产品或农产品（制造费用）
　　　　　　　　　　——××劳务成本（直接材料）
　　　　　　　　　　——××劳务（直接人工）
　　　　　　　　　　——××劳务（制造费用）

3. 对外提供劳务实现销售时：
借：经营支出——××经营项目
　　贷：生产（劳务）成本——××工业产品或农产品（直接材料）
　　　　　　　　　　——××工业产品或农产品（直接人工）
　　　　　　　　　　——××工业产品或农产品（制造费用）
　　　　　　　　　　——××劳务成本（直接材料）
　　　　　　　　　　——××劳务（直接人工）
　　　　　　　　　　——××劳务（制造费用）

二、费用支出的核算

（一）费用支出概述

村集体经济组织的费用支出包括经营支出、管理费用和其他支出等，其中一类属于经营性支出，如经营支出；一类属于非经营性支出，如管理费用和其他支出等。

经营支出是指村集体经济组织因销售商品、农产品、对外提供劳务等活动而发生的实际支出，包括销售商品或农产品的成本、销售牲畜或林木的成本、对外提供劳务的成本、维修费、运输费、保险费、产役畜的饲养费用及其成本摊销、经济林木投产后的管护费用及其成本摊销等。

管理费用是指村集体经济组织管理活动发生的各项支出，包括村集体经济组织管理人员及固定员工的工资、办公费、差旅费、管理用固定资产折旧费和维修费等。

其他支出是指村集体经济组织与经营管理活动无直接关系的支出。

（二）经营支出的核算

村集体经济组织为了核算经营支出的发生和结转情况，应设置"经营支出"科目。该科目借方登记发生的各项经营支出，贷方登记结转至"本年收益"的经营支出金额。年终，应将本科目的余额转入"本年收益"科目的借方，结转后本科目应无余额。为了详细反映经营支出的具体情况，本科目应按经营项目设置明细科目，进行明细核算。

1. 经营支出发生时：

借：经营支出——××经营项目
  贷：库存物资——××物资
    生产（劳务）成本——××工业产品或农产品（直接材料）
         ——××工业产品或农产品（直接人工）
         ——××工业产品或农产品（制造费用）
         ——××劳务成本（直接材料）
         ——××劳务（直接人工）
         ——××劳务（制造费用）
    应付工资——行政管理人员工资（工资）
         （奖金）
         （津贴）
         （福利补助）
         （其他补助）
      ——生产（劳务）人员工资（工资）
         （奖金）
         （津贴）

　　　　　　　　　　　　　（福利补助）
　　　　　　　　　　　　　（其他补助）
　　　　——牲畜（禽）管理人员工资（工资）
　　　　　　　　　　　　　（奖金）
　　　　　　　　　　　　　（津贴）
　　　　　　　　　　　　　（福利补助）
　　　　　　　　　　　　　（其他补助）
　　　　——林木管理人员工资（工资）
　　　　　　　　　　　　　（奖金）
　　　　　　　　　　　　　（津贴）
　　　　　　　　　　　　　（福利补助）
　　　　　　　　　　　　　（其他补助）
　　　　——工程人员工资（工资）
　　　　　　　　　　　　　（奖金）
　　　　　　　　　　　　　（津贴）
　　　　　　　　　　　　　（福利补助）
　　　　　　　　　　　　　（其他补助）
　　内部往来——单位（××单位）
　　　　　　——村民（××村民）
　　应付款——单位（××单位）
　　　　　——个人（××个人）
　　牲畜（禽）资产——幼畜及育肥畜（××畜）
　　　　　　　　　——产役畜（××畜）
　　林木资产——经济林木（××林木）
　　　　　　——非经济林木（××林木）

村集体经济组织应根据实际情况，采用先进先出法、加权平均法和个别计价法等方法，确定本期销售的商品、农产品等的实际成本。方法一经选定，不得随意变更。

2. 年终，将本科目的余额转入"本年收益"科目的借方，结转后本科目应无余额。

借：本年收益
　　贷：经营支出——××经营项目

（三）管理费用的核算

村集体经济组织为了核算管理费用的发生和结转情况，应设置"管理费用"科目，该科目借方登记发生的各项管理费用，贷方登记结转至"本年收益"的管理费用金额；年终，应将本科目的余额转入"本年收益"科目的借方，结转后本科目应无余额。为了详细反映管理费用的具体情况，本科目应按管理费用项目设置明细科目（如工资、办公费、差旅费、招待费、折旧费、修理费、其他等），进行明细核算。

主要账务处理为：

1. 发生上述各项管理费用时：

借：管理费用——工资
　　　　　　——办公费
　　　　　　——差旅费
　　　　　　——招待费
　　　　　　——折旧费
　　　　　　——修理费
　　　　　　——其他
　　贷：应付工资——行政管理人员工资（工资）
　　　　　　　　——行政管理人员工资（奖金）
　　　　　　　　——行政管理人员工资（津贴）
　　　　　　　　——行政管理人员工资（福利补助）
　　　　　　　　——行政管理人员工资（其他补助）
　　　　现金——人民币
　　　　银行存款——人民币（××金融机构）
　　　　累计折旧——房屋建筑物（××房屋）
　　　　　　　　——机器设备（××设备）
　　　　　　　　——运输设备（××设备）
　　　　　　　　——工具器具（××工具器具）
　　　　　　　　——办公设备（××办公设备）
　　　　　　　　——其他设备（××设备）

2. 年终，将本科目的余额转入"本年收益"科目的借方，结转后本科目应无余额。

借：本年收益
　　贷：管理费用——工资
　　　　　　　　——办公费
　　　　　　　　——差旅费
　　　　　　　　——招待费
　　　　　　　　——折旧费
　　　　　　　　——修理费
　　　　　　　　——其他用

（四）其他支出的核算

村集体经济组织为了核算其他支出的发生和结转情况，应设置"其他支出"科目，本科目借方登记发生的各项其他支出，如公益性固定资产折旧费、利息支出、农业资产的死亡毁损支出、固定资产及库存物资的盘亏、损失、防讯抢险支出、无法收回的应收款项损失、罚款支出等。贷方登记结转的其他支出金额。年终，应将本科目的余额转入"本年收益"科目的借方，结转后本科目应无余额。为了详细反映其他支出的具体情况，本科目应按其他支出项目设置明细科目（如折旧费、利息支出、非常损失、固定资产盘亏、库存物资的盘亏、防汛抢险支出、坏账损失、罚款支出和其他等），进行明细核算。

1. 发生其他支出时：

借：其他支出——折旧费
　　　　　　——利息支出
　　　　　　——非常损失
　　　　　　——固定资产盘亏
　　　　　　——库存物资的盘亏
　　　　　　——防汛抢险支出
　　　　　　——坏账损失
　　　　　　——罚款支出
　　　　　　——其他支出
　　贷：累计折旧——房屋建筑物（××房屋）
　　　　　　　　——机器设备（××设备）
　　　　　　　　——运输设备（××设备）

　　　　　——工具器具（××工具器具）

　　　　　——办公设备（××办公设备）

　　　　　——其他设备（××设备）

　　现金——人民币

　　银行存款——人民币（××金融机构）

　　库存物资——××物资

　　内部往来——单位（××单位）

　　　　　——村民（××村民）

　　应付款——单位（××单位）

　　　　　——个人（××个人）

2. 年终，将本科目的余额转入"本年收益"科目的借方，结转后本科目应无余额。

　　借：本年收益

　　　　贷：其他支出——折旧费

　　　　　　　　——利息支出

　　　　　　　　——非常损失

　　　　　　　　——固定资产盘亏

　　　　　　　　——库存物资的盘亏

　　　　　　　　——防汛抢险支出

　　　　　　　　——坏账损失

　　　　　　　　——罚款支出

　　　　　　　　——其他支出

第三节　村集体经济组织收益的核算

一、收益的构成

　　收益是指村集体经济组织在一定会计期间的经营成果，是当年实现的各项收入扣除应由当年收入补偿的各项费用支出后的余额。

村集体经济组织收益包括经营收益及收益总额。

(一) 经营收益

村集体经济组织的经营收益是指经营收入加上发包及上交收入和投资收益，再减去经营支出和管理费用后的金额。即：

经营收益＝经营收入＋发包及上交收入＋投资收益－经营支出－管理费用

(二) 收益总额

村集体经济组织的收益总额是指经营收益加上补助收入和其他收入，再减去其他支出后的金额。即：

收益总额＝经营收益＋补助收入＋其他收入－其他支出

二、收益的核算

村集体经济组织为了核算收益的形成过程，应设置"本年收益"科目，用于核算村集体经济组织在年度内实现的收益（或亏损）总额。

会计期末，村集体经济组织应当将"经营收入""发包及上交收入""补助收入""其他收入"科目的余额转入"本年收益"科目的贷方。

借：经营收入——××经营项目
　　发包及上交收入——承包金（××经营项目）
　　　　　　　　　——企业上交利润（××经营项目）
　　补助收入——××项目
　　其他收入——罚款收入
　　　　　　——存款利息收入
　　　　　　——固定资产盘盈收入
　　　　　　——固定资产变价净收入
　　　　　　——库存物资盘盈收入
　　　　　　——其他杂项收入
　　贷：本年收益

同时将"经营支出""其他支出""管理费用"科目的余额转入"本年收益"科目的借方。

借：本年收益
　　贷：经营支出——××经营项目
　　　　其他支出——折旧费
　　　　　　　　——利息支出
　　　　　　　　——非常损失
　　　　　　　　——固定资产盘亏
　　　　　　　　——库存物资的盘亏
　　　　　　　　——防汛抢险支出
　　　　　　　　——坏账损失
　　　　　　　　——罚款支出
　　　　　　　　——其他支出
　　　　管理费用——工资
　　　　　　　　——办公费
　　　　　　　　——差旅费
　　　　　　　　——招待费
　　　　　　　　——折旧费
　　　　　　　　——修理费
　　　　　　　　——其他用

"投资收益"如为净收益，转入"本年收益"科目的贷方。
借：投资收益——股票投资收益（××股票投资收益）
　　　　　　——债券投资收益（××债券投资收益）
　　　　　　——其他投资收益（××投资收益）
　　贷：本年收益

"投资收益"如为投资净损失。
借：本年收益
　　贷：投资收益——股票投资收益（××股票投资收益）
　　　　　　　——债券投资收益（××债券投资收益）
　　　　　　　——其他投资收益（××投资收益）

结转后"本年收益"科目如为贷方余额，表示当年实现的净收益；如为借方余额，表示当年发生的净亏损。

年度终了，村集体经济组织应将"本年收益"科目的本年累计余额转入"收益分配——未分配收益"科目。

如为净收益：

借：本年收益

　　贷：收益分配——未分配收益

如为净亏损，做相反会计分录：

借：收益分配——未分配收益

　　贷：本年收益

结转后"本年收益"科目应无余额。

第七章

村集体经济组织会计报表和会计档案

第一节　村集体经济组织会计报表

一、会计报表概述

会计报表是综合反映村集体经济组织某一特定日期的财务状况以及一定期间的经营成果、可供分配成果及其分配情况的书面报告。

村集体经济组织应按规定准确、及时、完整地编报会计报表，定期向财政部门或农村经营管理部门上报，并向全体村民公布。村集体经济组织应编制的会计报表主要有：

1. 月份报表或季度报表，包括科目余额表和收支明细表。
2. 年度报表，包括资产负债表和收益及收益分配表。

各级农村经营管理部门，应对所辖地区报送的村集体经济组织的会计报表进行审查，然后逐级汇总上报。各省、自治区、直辖市农村经营管理部门年终应汇总年度的资产负债表和收益及收益分配表，同时附送财务状况说明书，按规定时间报农业部。月份或季度会计报表的格式由各省、自治区、直辖市的财政部门或农村经营管理部门根据制度进行规定。

二、月份报表或季度报表的格式及编制说明

(一) 科目余额表

科目余额表是村集体经济组织按月或按季度编制的用以反映月末或季度末会计科目余额的报表。通过科目余额表，可以检查账目记录是否正确，分析村集体经济组织的基本财务状况。

1. 科目余额表的内容与格式。

科目余额表应当反映资产类、负债类和所有者权益类科目在报告期末的余额。科目余额表的格式如表7-1所示。

表7-1　　　　　　　村集体经济组织会计科目余额表

填报单位　　　　　　　　　　年　月　日　　　　　　　　　　单位：元

科目编号	科目名称	期初余额		本期发生额		期末余额	
		借方	贷方	借方	贷方	借方	贷方
101	现金						
102	银行存款						
111	短期投资						
112	应收款						
113	内部往来						
121	库存物资						
131	牲畜（禽）资产						
132	林木资产						
141	长期投资						
151	固定资产						
152	累计折旧						
153	固定资产清理						
154	在建工程						
161	无形资产						
	资产合计						
201	短期借款						
202	应付款						
211	应付工资						
212	应付福利费						

续表

科目编号	科目名称	期初余额		本期发生额		期末余额	
		借方	贷方	借方	贷方	借方	贷方
213	应缴税费						
221	长期借款及应付款						
231	一事一议资金						
241	专项应付款						
	负债合计						
301	资本						
311	公积公益金						
321	本年收益						
322	收益分配						
	所有者权益合计						
401	生产（劳务）成本						
	成本类合计						
501	经营收入						
502	经营支出						
511	发包及上交收入						
522	补助收入						
531	其他收入						
541	管理费用						
551	其他支出						
561	投资收益						
	损益类合计						
	合计						

单位负责人：　　　　　主管会计人员：　　　　　填表人员：

2. 科目余额表的编制说明。

（1）科目余额表的"期初余额"栏内应按各账户月（季度）初余额填列；"本期发生额"栏内应按各账户本月（季度）发生额合计数填列；"期末余额"栏内应按各账户月（季度）末余额填列。

（2）填列后的科目余额表"期初余额"栏内借方余额合计数等于贷方余额合计数；"本期发生额"栏内借方发生额合计数等于贷发生方额合计数；"期末余额"栏内借方余额合计数等于贷方余额合计数。

（二）收支明细表

收支明细表是反映村集体经济组织各月或各季发生的各项收入及支出

情况的报表。

1. 收支明细表的内容与格式。

村集体经济组织的收支明细表由收入和支出两大部分组成。其中，收入包括"经营收入""发包及上交收入""补助收入""其他收入"和"投资收益"等；支出包括"经营支出""管理费用"和"其他支出"等。收支明细表的格式如表 7-2 所示。

表 7-2　　　　　　　　村集体经济组织会计收支明细表

填报单位：　　　　　　　　　　年　月　日　　　　　　　　　　　单位：元

项　目	行次	本月数	本年累计数	项　目	行次	本月数	本年累计数
一、经营收入	1			一、经营支出	25		
1. ××经营项目	2			1. ××经营项目	26		
2. ××经营项目	3			2. ××经营项目	27		
3.	4			3.	28		
二、发包及上交收入	5			二、管理费用	29		
1. ××承包收入	6			1. 工资	30		
2. ××承包收入	7			2. 办公费	31		
3. 承包企业上交利润	8			3. 差旅费	32		
4.	9			4. 招待费	33		
三、补助收入	10			5. 折旧费	34		
1. ××项目补助收入	11			6. 修理费	35		
2.	12			7.	36		
3.	13			8.	37		
四、其他收入	14			三、其他支出	38		
1.	15			1. 折旧费	39		
2.	16			2. 利息支出	40		
3.	17			3. 非常损失	41		
五、投资收益	18			4. 固定资产盘亏	42		
1.	19			5. 库存物资盘亏	43		
2.	20			6. 防汛抢险支出	44		
3.	21			7. 坏账损失	45		
	22			8. 罚款支出	46		
	23			9.	47		
收入合计	24			支出合计	48		
收支差额					49		

单位负责人：　　　　　　　主管会计人员：　　　　　　　填表人员：

2. 收支明细表的编制说明。

收支明细表的"本月数"栏内应按损益类各账户及明细账户本月（季度）发生额填列；"本年累计数"栏内应按损益类各账户及明细账户本年累计发生额填列；"收支差额"栏内应按"收入合计"减"支出合计"栏内数额的差填列。

三、年度会计报表的格式及编制说明

（一）资产负债表

资产负债表是反映村集体经济组织年末全部资产、负债和所有者权益状况的报表。它是根据"资产＝负债＋所有者权益"这一会计等式，依照一定的分类标准和顺序，将村集体经济组织在年末的全部资产、负债和所有者权益进行适当分类、汇总、排列后而成的。

1. 资产负债表的内容与格式。

资产负债表可以反映村集体经济组织的资产、负债和所有者权益的全貌。通过编制资产负债表，可以为投资者提供村集体经济组织年末所拥有的资产及其状况、年末负债总额及其构成情况以及年末所有者权益情况等。

村集体经济组织资产负债表的格式如表7-3所示。

表7-3　　　　　　　　　资产负债表

村会01表

编制单位：　　　　　　　　　年　月　日　　　　　　　　　单位：元

资产	行次	年初数	年末数	负债及所有者权益	行次	年初数	年末数
流动资产：				流动负债：			
货币资金	1			短期借款	35		
短期投资	2			应付款项	36		
应收款项	5			应付工资	37		
存货	8			应付福利费	38		
流动资产合计	9			应交税费	41		
农业资产：				流动负债合计			
牲畜（禽）资产	10			长期负债：	42		
林木资产	11			长期借款及应付款	43		

续表

资产	行次	年初数	年末数	负债及所有者权益	行次	年初数	年末数
农业资产合计	15			一事一议资金	46		
长期资产：				专项应付款	49		
长期投资	16			长期负债合计			
固定资产：				负债合计			
固定资产原价	19						
减：累计折旧	20			所有者权益：			
固定资产净值	21			资本	50		
固定资产清理	22			公积公益金	51		
在建工程	23			未分配收益	52		
固定资产合计				所有者权益合计	53		
无形资产：	26						
无形资产							
资产总计	32			负债和所有者权益总计	56		

补充资料：

项目	金额
无法收回、尚未批准核销的短期投资	
确实无法收回、尚未批准核销的应收款项	
盘亏、毁损和报废、尚未批准核销的存货	
死亡毁损、尚未批准核销的农业资产	
无法收回、尚未批准核销的长期投资	
盘亏和毁损、尚未批准核销的固定资产	
毁损和报废、尚未批准核销的在建工程	

单位负责人：　　　　主管会计人员：　　　　填表人员：

2. 资产负债表的编制说明。

资产负债表的"年初数"应按上年末资产负债表"年末数"栏内所列数字填列。如果本年度资产负债表规定的各个项目名称和内容同上年度不相一致，应对上年末资产负债表各项目的名称和数字按照本年度的规定进行调整，填入本表"年初数"栏内，并加以书面说明。

资产负债表的"年末数"各项目的内容和填列方法如下：

（1）"货币资金"项目，反映村集体经济组织现金、银行存款等货币资金的合计数。本项目应根据"现金""银行存款"科目的年末余额合计填列。

（2）"短期投资"项目，反映村集体经济组织购入的各种能随时变现并且持有时间不超过一年（含一年）的有价证券等投资。本项目应根据"短期投资"科目的年末余额填列。

（3）"应收款项"项目，反映村集体经济组织应收而未收回和暂付的各种款项。本项目应根据"应收款"科目年末余额和"内部往来"各明细科目年末借方余额合计数合计填列。

（4）"存货"项目，反映村集体经济组织年末在库、在途和在加工中的各项存货的价值，包括各种原材料、农用材料、农产品、工业产成品等物资、在产品等。本项目应根据"库存物资""生产（劳务）成本"科目年末余额合计填列。

（5）"牲畜（禽）资产"项目，反映村集体经济组织购入或培育的幼畜及育肥畜和产役畜的账面余额。本项目应根据"牲畜（禽）资产"科目的年末余额填列。

（6）"林木资产"项目，反映村集体经济组织购入或营造的林木的账面余额。本项目应根据"林木资产"科目的年末余额填列。

（7）"长期投资"项目，反映村集体经济组织不准备在一年内（不含一年）变现的投资。本项目应根据"长期投资"科目的年末余额填列。

（8）"固定资产原价"项目和"累计折旧"项目，反映村集体经济组织各种固定资产原价及累计折旧。这两个项目应根据"固定资产"科目和"累计折旧"科目的年末余额填列。

（9）"固定资产清理"项目，反映村集体经济组织因出售、报废、毁损等原因转入清理但尚未清理完毕的固定资产的账面净值，以及固定资产清理过程中所发生的清理费用和变价收入等各项金额的差额。本项目应根据"固定资产清理"科目的年末借方余额填列；如为贷方余额，本项目数字应以"－"号表示。

（10）"在建工程"项目，反映村集体经济组织各项尚未完工或虽已完工但尚未办理竣工决算的工程项目实际成本。本项目应根据"在建工程"科目的年末余额填列。

（11）"无形资产"项目，反映村集体经济组织无形资产的账面余额。本项目应根据"无形资产"科目的年末余额填列。

（12）"短期借款"项目，反映村集体经济组织借入尚未归还的一年期以下（含一年）的借款。本项目应根据"短期借款"科目的年末余额填列。

(13)"应付款"项目,反映村集体经济组织应付而未付及暂收的各种款项。本项目应根据"应付款"科目年末余额和"内部往来"各明细科目年末贷方余额合计数合计填列。

(14)"应付工资"项目,反映村集体经济组织已提取但尚未支付的职工工资。本项目应根据"应付工资"科目年末余额填列。

(15)"应付福利费"项目,反映村集体经济组织已提取但尚未使用的福利费金额。本项目应根据"应付福利费"科目年末贷方余额填列;如为借方余额,本项目数字应以"－"号表示。

(16)"应交税费"项目,反映村集体经济组织应交未交的各种税费。本项目应根据"应交税费"科目年末贷方余额填列;如为借方余额,本项目数字应以"－"号表示。

(17)"长期借款及应付款"项目,反映村集体经济组织借入尚未归还的一年期以上(不含一年)的借款以及偿还期在一年以上(不含一年)的应付未付款项。本项目应根据"长期借款及应付款"科目年末余额填列。

(18)"一事一议资金"项目,反映村集体经济组织应当用于一事一议专项工程建设的资金数额。本项目应根据"一事一议资金"科目年末贷方余额填列;如为借方余额,本项目数字应以"－"号表示。

(19)"专项应付款"项目,反映村集体经济组织收到国家拨入的具有专门用途的资金数额。本项目应根据"专项应付款"科目年末余额填列。

(20)"资本"项目,反映村集体经济组织实际收到投入的资本总额。本项目应根据"资本"科目的年末余额填列。

(21)"公积公益金"项目,反映村集体经济组织公积公益金的年末余额。本项目应根据"公积公益金"科目的年末贷方余额填列。

(22)"未分配收益"项目,反映村集体经济组织尚未分配的收益。本项目应根据"本年收益"科目和"收益分配"科目的余额计算填列;未弥补的亏损,在本项目内数字以"－"号表示。

(二)收益及收益分配表

收益及收益分配表是反映村集体经济组织年度内收益实现及其分配的实际情况的报表。通过收益及收益分配表中的本年收益部分,可以从总体上了解村集体经济组织收入、成本和费用以及本年收益的实现和构成情况,分析村集体经济组织的盈利能力及收益的发展趋势;通过收益及收益分配表中的收益分配部分,可以了解村集体经济组织年末对实现收益和以前年度未分配收益的分配或亏损弥补情况,以及年终未分配收益的结余情况等。

1. 收益及收益分配表的内容与格式。

村集体经济组织的收益及收益分配表由本年收益和收益分配两大部分组成。左方是本年收益部分,右方是收益分配部分。村集体经济组织的收益及收益分配表采用多步式,其主要编制步骤和内容如下:

第一步,以经营收入为基础,加上发包及上交收入和投资收益,减去经营支出和管理费用,计算出经营收益;

第二步,以经营收益为基础,加上补助收入和其他收入,减去其他支出,计算出本年收益(或亏损);

第三步,以本年收益为基础,加上年初未分配收益和按规定由公积公益金弥补亏损等转入的数额,计算出可供分配收益;

第四步,以可供分配收益为基础,减去应交所得税、提取的公积公益金、应付福利费、外来投资分利、农户分配和其他分配等,计算出年末结余的未分配收益。

村集体经济组织收益及收益分配表的格式如表 7 - 4 所示。

表 7 - 4　　　　　　　　　收益及收益分配表

村会 02 表

编制单位:　　　　　　　　年度　　　　　　　　单位:元

项目	行次	金额	项目	行次	金额
本年收益			收益分配		
一、经营收入	1		四、本年收益	21	
加:发包及上交收入	2		加:年初未分配收益	22	
投资收益	3		其他转入	23	
减:经营支出	6		五、可分配收益	26	
管理费用	7		减:1. 应交所得税	27	
二、经营收益	10		2. 提取公积公益金	28	
加:补助收入	11		3. 提取应付福利费	29	
其他收入	12		4. 外来投资分利	30	
减:其他支出	13		5. 村民分配	31	
			6. 其他	32	
三、本年收益	20		六、年末未分配收益	35	

单位负责人:　　　　　　　主管会计人员:　　　　　　　填表人员:

2. 收益及收益分配表编制说明。

收益及收益分配表反映村集体经济组织年度内收益实现及其分配的实际情况。村（组）办企业和承包农户的数字不在此列。

收益及收益分配表主要项目的内容及其填列方法如下：

（1）"经营收入"项目，反映村集体经济组织进行各项生产、服务等经营活动取得的收入。本项目应根据"经营收入"科目的本年发生额分析填列。

（2）"发包及上交收入"项目，反映村集体经济组织取得的农户和其他单位上交的承包金及村（组）办企业上交的利润等。本项目应根据"发包及上交收入"科目的本年发生额分析填列。

（3）"投资收益"项目，反映村集体经济组织长期投资取得的收益。本项目应根据"投资收益"科目的本年发生额分析填列；如为投资损失，以"-"号填列。

（4）"经营支出"项目，反映村集体经济组织因销售商品、农产品、对外提供劳务等活动而发生的支出。本项目应根据"经营支出"科目的本年发生额分析填列。

（5）"管理费用"项目，反映村集体经济组织管理活动发生的各项支出。本项目应根据"管理费用"科目的本年发生额分析填列。

（6）"经营收益"项目，反映村集体经济组织本年通过生产经营活动实现的收益。如为净亏损，本项目数字以"-"号填列。

（7）"补助收入"项目，反映村集体经济组织获得的财政等有关部门的补助资金。本项目应根据"补助收入"科目的本年发生额分析填列。

（8）"其他收入"项目和"其他支出"项目，反映村集体经济组织与经营管理活动无直接关系的各项收入和支出。这两个项目应分别根据"其他收入"科目和"其他支出"科目的本年发生额分析填列。

（9）"本年收益"项目，反映村集体经济组织本年实现的收益总额。如为亏损总额，本项目数字以"-"号填列。

（10）"年初未分配收益"项目，反映村集体经济组织上年度未分配的收益。本项目应根据上年度收益及收益分配表中的"年末未分配收益"数额填列。如为未弥补的亏损，本项目数字以"-"号填列。

（11）"其他转入"项目，反映村集体经济组织按规定用公积公益金弥补亏损等转入的数额。

(12)"可分配收益"项目,反映村集体经济组织年末可分配的收益总额。本项目应根据"本年收益"项目、"年初未分配收益"项目和"其他转入"项目的合计数填列。

(13)"年末未分配收益"项目,反映村集体经济组织年末累计未分配的收益。本项目应根据"可分配收益"项目扣除各项分配数额的差额填列。如为未弥补的亏损,本项目数字以"-"号填列。

第二节 村集体经济组织会计档案

一、会计档案概述

(一)会计档案的概念

会计档案,是指会计凭证、会计账簿和财务报告等会计核算专业材料,是记录和反映单位经济业务的重要史料和证据。

会计档案是会计事项的历史记录,是进行经济决策所需要利用的重要资料,也是进行会计检查和审计监督的重要资料。会计档案是国家档案的重要组成部分,村集体经济组织必须根据财政部和国家档案局发布的《会计档案管理办法》的规定,加强会计档案管理工作,充分发挥其应有的作用。

(二)会计档案的内容

会计档案的内容是指会计档案的范围,具体包括会计凭证、会计账簿、财务报告和其他会计核算资料四部分。

1. 会计凭证类:包括外来原始凭证、自制原始凭证、原始凭证汇总表、记账凭证、记账凭证汇总表等。

2. 会计账簿类:包括总分类账、各种明细分类账、现金日记账、存款日记账以及辅助登记的备查账簿等。

3. 财务报告类:包括月度、季度和年度财务报告,村集体经济组织主要有资产负债表、收益及收益分配表、科目余额表和收支明细表等。

4. 其他类：包括银行对账单、银行存款余额调节表、会计档案移交清册、会计档案保管清册、会计档案销毁清册以及其他应当保存的会计专业核算资料等。

实行会计电算化的单位，应当保存打印出的纸质会计档案。具备采用磁性介质保存会计档案条件的，保存在磁性介质上的会计数据、程序文件及其他会计核算资料均应视同会计档案一并管理。

二、会计档案保管

（一）会计档案的归档

会计档案是指村集体经济组织在进行会计核算等过程中接收或形成的，记录和反映村集体经济组织经济业务事项的，具有保存价值的文字、图表等各种形式的会计资料，包括通过计算机等电子设备形成、传输和存储的电子会计档案。

村集体经济组织应当加强会计档案管理工作，建立和完善会计档案的收集、整理、保管、利用和鉴定销毁等管理制度，采取可靠的安全防护技术和措施，保证会计档案的真实、完整、可用、安全。

村集体经济组织也可以委托具备档案管理条件的机构代为管理会计档案。下列会计资料应当进行归档：

1. 会计凭证，包括原始凭证、记账凭证；

2. 会计账簿，包括总账、明细账、日记账、固定资产卡片及其他辅助性账簿；

3. 财务会计报告，包括月度、季度、半年度、年度财务会计报告；

4. 其他会计资料，包括银行存款余额调节表、银行对账单、纳税申报表、会计档案移交清册、会计档案保管清册、会计档案销毁清册、会计档案鉴定意见书及其他具有保存价值的会计资料。

同时满足下列条件的，村集体经济组织内部形成的属于归档范围的电子会计资料可仅以电子形式保存，形成电子会计档案：

1. 形成的电子会计资料来源真实有效，由计算机等电子设备形成和传输；

2. 使用的会计核算系统能够准确、完整、有效接收和读取电子会计资料，能够输出符合国家标准归档格式的会计凭证、会计账簿、财务会计报表等会计资料，设定了经办、审核、审批等必要的审签程序；

3. 使用的电子档案管理系统能够有效接收、管理、利用电子会计档案，符合电子档案的长期保管要求，并建立了电子会计档案与相关联的其他纸质会计档案的检索关系；

4. 采取有效措施，防止电子会计档案被篡改；

5. 建立电子会计档案备份制度，能够有效防范自然灾害、意外事故和人为破坏的影响；

6. 形成的电子会计资料不属于具有永久保存价值或者其他重要保存价值的会计档案。

村集体经济组织的会计管理机构应按照归档范围和归档要求，负责定期将应当归档的会计资料整理立卷，编制会计档案保管清册。

当年形成的会计档案，在会计年度终了后，可由村集体经济组织会计管理机构临时保管一年，再移交村集体经济组织档案管理机构保管。因工作需要确需推迟移交的，应当经村集体经济组织档案管理机构同意。村集体经济组织会计管理机构临时保管会计档案最长不超过3年。临时保管期间，会计档案的保管应当符合国家档案管理的有关规定，且出纳人员不得兼管会计档案。

村集体经济组织会计管理机构在办理会计档案移交时，应当编制会计档案移交清册，并按照国家档案管理的有关规定办理移交手续。纸质会计档案移交时应当保持原卷的封装。电子会计档案移交时应当将电子会计档案及其原数据一并移交，且文件格式应当符合国家档案管理的有关规定。

（二）会计档案的保管期限

会计档案的保管期限分为永久、定期两类。定期保管期限一般分为10年和30年。会计档案的保管期限，从会计年度终了后的第一天算起。各类会计档案的保管期限原则上应当按照《会计档案管理办法》执行。

根据《会计档案管理办法》规定，村集体经济组织会计档案保管期限如表7-5所示。

表 7-5　　　　　　　企业和其他组织会计档案保管期限表

序号	档案名称	保管期限	备注
一	会计凭证		
1	原始凭证	30 年	
2	记账凭证	30 年	
二	会计账簿		
3	总账	30 年	
4	明细账	30 年	
5	日记账	30 年	
6	固定资产卡片		固定资产报废清理后保管 5 年
7	其他辅助性账簿	30 年	
三	财务会计报告		
8	月度、季度、半年度财务会计报告	10 年	
9	年度财务会计报告	永久	
四	其他会计资料		
10	银行存款余额调节表	10 年	
11	银行对账单	10 年	
12	纳税申报表	10 年	
13	会计档案移交清册	30 年	
14	会计档案保管清册	永久	
15	会计档案销毁清册	永久	
16	会计档案鉴定意见书	永久	

（三）会计档案的查阅和复制

村集体经济组织应当严格按照相关制度利用会计档案，在进行会计档案查阅、复制、借出时履行登记手续，严禁篡改和损坏。村集体经济组织保存的会计档案一般不得对外借出。确因工作需要且根据国家有关规定必须借出的，应当严格按照规定办理相关手续。

村集体经济组织因撤销、解散、破产或其他原因而终止的，在终止或办理注销登记手续之前形成的会计档案，按照国家档案管理的有关规定处置。村集体经济组织分立后原村集体经济组织存续的，其会计档案应当由分立后的存续方统一保管，其他方可以查阅、复制与其业务相关的会计档案。

村集体经济组织分立后原村集体经济组织解散的，其会计档案应当经各方协商后由其中一方代管或按照国家档案管理的有关规定处置，各方可以查阅、复制与其业务相关的会计档案。

（四）会计档案的销毁

村集体经济组织应当定期对已到保管期限的会计档案进行鉴定，并形成会计档案鉴定意见书。经鉴定，仍需继续保存的会计档案，应当重新划定保管期限；对保管期满，确无保存价值的会计档案，可以销毁。会计档案鉴定工作应当由村集体经济组织档案管理机构牵头，组织村集体经济组织会计、审计、纪检监察等机构或人员共同进行。经鉴定可以销毁的会计档案，应当按照以下程序销毁：

1. 村集体经济组织档案管理机构编制会计档案销毁清册，列明拟销毁会计档案的名称、卷号、册数、起止年度、档案编号、应保管期限、已保管期限和销毁时间等内容。

2. 村集体经济组织负责人、档案管理机构负责人、会计管理机构负责人、档案管理机构经办人、会计管理机构经办人在会计档案销毁清册上签署意见。

3. 村集体经济组织档案管理机构负责组织会计档案销毁工作，并与会计管理机构共同派员监销。监销人在会计档案销毁前，应当按照会计档案销毁清册所列内容进行清点核对；在会计档案销毁后，应当在会计档案销毁清册上签名或盖章。

电子会计档案的销毁还应当符合国家有关电子档案的规定，并由村集体经济组织档案管理机构、会计管理机构和信息系统管理机构共同派员监销。保管期满但未结清的债权债务会计凭证和涉及其他未了事项的会计凭证不得销毁，纸质会计档案应当单独抽出立卷，电子会计档案单独转存，保管到未了事项完结时为止。

（五）会计档案的移交

村集体经济组织分立中未结清的会计事项所涉及的会计凭证，应当单独抽出由业务相关方保存，并按照规定办理交接手续。村集体经济组织因业务移交其他村集体经济组织办理所涉及的会计档案，应当由原村集体经济组织保管，承接业务村集体经济组织可以查阅、复制与其业务相关的会计档案。对其中未结清的会计事项所涉及的会计凭证，应当单独抽出由承接业务村集体经济组织保存，并按照规定办理交接手续。

村集体经济组织合并后原各村集体经济组织解散或者一方存续其他方解散的，原各村集体经济组织的会计档案应当由合并后的村集体经济组织统一保管。村集体经济组织合并后原各村集体经济组织仍存续的，其会计档案仍应当由原各村集体经济组织保管。

村集体经济组织在项目建设期间形成的会计档案，需要移交给建设项目接收单位的，应当在办理竣工财务决算后及时移交，并按照规定办理交接手续。村集体经济组织之间交接会计档案时，交接双方应当办理会计档案交接手续。

移交会计档案的村集体经济组织，应当编制会计档案移交清册，列明应当移交的会计档案名称、卷号、册数、起止年度、档案编号、应保管期限和已保管期限等内容。交接会计档案时，交接双方应当按照会计档案移交清册所列内容逐项交接，并由交接双方的村集体经济组织有关负责人负责监督。交接完毕后，交接双方经办人和监督人应当在会计档案移交清册上签名或盖章。

电子会计档案应当与其原数据一并移交，特殊格式的电子会计档案应当与其读取平台一并移交。档案接收单位应当对保存电子会计档案的载体及其技术环境进行检验，确保所接收电子会计档案的准确、完整、可用和安全。

村集体经济组织委托中介机构代理记账的，应当在签订的书面委托合同中，明确会计档案的管理要求及相应责任。

第八章

村集体经济组织会计工作管理

第一节 村集体经济组织会计机构和会计人员

一、村集体经济组织会计岗位设置、人员配备

村集体经济组织应当根据会计业务的需要设置会计主管、现金出纳等岗位，配备合格的会计人员。也可以按照民主、自愿的原则，委托乡（镇）办经营管理机构、财政所和代理记账机构代理记账、核算。

村集体经济组织会计人员应当具备下列基本条件：

（1）坚持原则，廉洁奉公；

（2）应当具有从事会计工作所需要的专业能力；

（3）熟悉国家财经法律、法规、规章和方针、政策，掌握本行业业务管理的有关知识；

（4）身体状况能够适应本职工作的要求。

会计人员的工作岗位应当有计划地进行轮换。但出纳人员不得兼管记账、会计档案保管工作。

村集体经济组织会计人员应当按照国家有关规定参加会计业务的培训，村集体经济组织应当合理安排会计人员的培训，保证会计人员每年有一定时间用于学习和参加培训。

村集体经济组织领导人应当支持村集体经济组织会计人员依法行使职权，对忠于职守，坚持原则，做出显著成绩的会计人员，应当给予精神和

物质的奖励。

村集体经济组织任用会计人员应当实行回避制度，村集体经济组织领导的直系亲属不得担任本组织会计工作，需要回避的直系亲属为：夫妻关系、直系血亲关系、三代以内旁系血亲以及配偶亲关系。

二、村集体经济组织会计人员职业道德

1. 遵守职业道德，树立良好的职业品质、严谨的工作作风，严守工作纪律，努力提高工作效率和工作质量；

2. 热爱本职工作，努力钻研业务，使自己的知识和技能适应所从事工作的要求；

3. 熟悉财经法律、法规、规章和国家统一会计制度，并结合会计工作进行广泛宣传；

4. 按照会计法律、法规和国家统一会计制度规定的程序和要求进行会计工作，保证所提供的会计信息合法、真实、准确、及时、完整；

5. 办理会计事务应当实事求是、客观公正；

6. 熟悉本村集体经济组织财务管理情况，运用掌握的会计信息和会计方法，为改善村集体经济组织的财务管理服务；

7. 保守本村集体经济组织的商业秘密，除法律规定和村集体经济组织领导人同意外，不能私自向外界提供或者泄露村集体经济组织的会计信息。

三、村集体经济组织会计工作交接

村集体经济组织会计人员工作调动或者因故离职，必须将本人所经管的会计工作全部移交给接替人员。没有办清交接手续的，不得调动或者离职，接替人员应当认真接管移交工作，并继续办理移交的未了事项，会计人员办理移交手续前，必须及时做好以下工作：

1. 已经受理的经济业务尚未填制会计凭证的，应当填制完毕。

2. 尚未登记的账目，应当登记完毕，并在最后一笔余额后加盖经办人员印章。

3. 整理应该移交的各项资料，对未了事项写出书面材料。

4. 编制移交清册，列明应当移交的会计凭证、会计账簿、会计报表、印章、现金、有价证券、支票簿、发票、文件、其他会计资料和物品等内容；实行会计电算化的村集体经济组织，从事该项工作的移交人员还应当在移交清册中列明会计软件及密码、会计软件数据磁盘及有关资料、实物等内容。

5. 办理交接手续，必须有监交人负责监交。一般会计人员交接，由村集体经济组织主管会计人员负责监交，主管会计人员交接，由村集体经济组织领导人负责监交，必要时可由乡镇（办）财政所派人会同监交。

6. 移交人员在办理移交时，要按移交清册逐项移交，接替人员要逐项核对点收。

（1）现金、有价证券要根据会计账簿有关记录进行点交。库存现金、有价证券必须与会计账簿记录保持一致。不一致时，移交人员必须限期查清。

（2）会计凭证、会计账簿、会计报表和其他会计资料必须完整无缺。如有短缺，必须查清原因，并在移交清册中注明，由移交人员负责。

（3）银行存款账户余额要与银行对账单核对，如不一致，应当编制银行存款余额调节表调节相符，各种财产物资和债权债务的明细账户余额要与总账有关账户余额核对相符，必要时，要抽查个别账户的余额，与实物核对相符，或者与往来单位、个人核对清楚。

（4）移交人员经管的票据、印章和其他实物等，必须交接清楚；移交人员从事会计电算化工作的，要对有关电子数据在实际操作状态下进行交接。

（5）交接完毕后，交接双方和监交人员要在移交清册上签名或者盖章，并应在移交清册上注明：单位名称、交接日期、交接双方和监交人员的职务、姓名，移交清册页数以及需要说明的问题和意见等。

（6）移交清册一般应当填制一式三份，交接双方各执一份，存档一份。

（7）接替人员应当继续使用移交的会计账簿，不得自行另立新账，以保持会计记录的连续性。

（8）移交人员对所移交的会计凭证、会计账簿、会计报表和其他有关资料的合法性、真实性承担法律责任。

第二节 村集体经济组织的会计监督和内部会计管理制度

一、村集体经济组织会计工作的管理和监督

财政部门依照《中华人民共和国会计法》（以下简称《会计法》）的规定对村集体经济组织的财务会计工作进行管理和监督。农村经营管理部门依照有关法律、行政法规等规定对村集体经济组织的财务会计工作进行指导和监督。

二、村集体经济组织的会计监督

1. 村集体经济组织会计人员进行会计监督的依据。
（1）财经法律、法规、规章；
（2）会计法律、法规和村集体经济组织会计制度；
（3）省财政厅和业务主管部门根据《会计法》和国家统一会计制度制定的具体实施办法或者补充规定；
（4）村集体经济组织根据《会计法》和国家统一会计制度制定的村集体经济组织内部会计管理制度；
（5）村集体经济组织内部的财务计划、业务计划。

2. 村集体经济组织会计人员对原始凭证的审核和监督
（1）会计人员对不真实、不合法的原始凭证，不予受理。对弄虚作假、严重违法的原始凭证，在不予受理的同时，应当予以扣留，并及时向村集体经济组织领导人报告，请求查明原因，追究当事人的责任。对记载不明确、不完整的原始凭证，予以退回，要求经办人员更正、补充。
（2）会计人员对伪造、变造、故意毁灭会计账簿或者账外设账行为，应当制止和纠正；制止和纠正无效的，应当向上级主管单位报告，请求做出处理。

（3）会计人员应当对实物、款项进行监督，督促建立并严格执行财产清查制度。发现账簿记录与实物、款项不符时，应当按照国家有关规定进行处理。超出会计人员职权范围的，应当立即向村集体经济组织领导报告，请求查明原因，做出处理。

（4）会计人员对指使、强令编造、篡改财务报告行为，应当制止和纠正；制止和纠正无效的，应当向上级主管单位报告，请求处理。

（5）会计人员应当对财务收支进行监督：

①对审批手续不全的财务收支，应当退回，要求补充、更正。

②对违反规定不纳入统一会计核算的财务收支，应当制止和纠正。

③对违反国家统一的财政、财务、会计制度规定的财务收支，不予办理。

④对认为是违反国家统一的财政、财务、会计制度规定的财务收支，应当制止和纠正；制止和纠正无效的，应当向村集体经济组织领导人提出书面意见请求处理。村集体经济组织领导人应当在接到书面意见起10日内做出书面决定，并对决定承担责任。

⑤对违反国家统一的财政、财务、会计制度规定的财务收支，不予制止和纠正，又不向村集体经济组织领导人提出书面意见的；也应当承担责任。

⑥对严重违反国家利益和社会公众利益的财务收支，应当向主管单位或者财政、审计、税务机关报告。

⑦对违反村集体经济组织内部会计管理制度的经济活动，应当制止和纠正；制止和纠正无效的，向村集体经济组织领导人报告，请求处理。

⑧对村集体经济组织制定的财务计划、业务计划的执行情况进行监督。

3. 村集体经济组织必须依照法律和国家有关规定接受财政、审计、税务等机关的监督，如实提供会计凭证、会计账簿、会计报表和其他会计资料以及有关情况，不得拒绝、隐匿、谎报。

4. 按照法律规定应当委托注册会计师进行审计的村集体经济组织，应当委托注册会计师进行审计，并配合注册会计师的工作，如实提供会计凭证、会计账簿、会计报表和其他会计资料以及有关情况，不得拒绝、隐匿、谎报；不得示意注册会计师出具不当的审计报告。

三、村集体经济组织内部会计管理制度

1. 村集体经济组织应当根据《会计法》和国家统一会计制度的规定，结合村集体经济组织类型和内容管理的需要，建立健全相应的内部会计管理制度。制订内部会计管理制度应当遵循下列原则：

（1）应当执行法律、法规和国家统一的财务会计制度。

（2）应当体现本村集体经济组织的生产经营、业务管理的特点和要求。

（3）应当全面规范本村集体经济组织的各项会计工作，建立健全会计基础，保证会计工作的有序进行。

（4）应当科学、合理，便于操作和执行。

（5）应当定期检查执行情况。

（6）应当根据管理需要和执行中的问题不断完善。

2. 村集体经济组织应当建立内部会计管理体系。主要内容包括：村集体经济组织领导人对会计工作的领导职责；会计人员的职责、权限等。

3. 村集体经济组织应当建立会计人员岗位责任制度。主要内容包括：会计人员的工作岗位设置；会计工作岗位的职责和标准；各会计工作岗位的人员和具体分工；会计工作岗位轮换办法。

4. 村集体经济组织应当建立账务处理程序制度。主要内容包括：会计科目及其明细科目的设置和使用；会计凭证的格式、审核要求和传递程序；会计核算方法；会计账簿的设置；编制会计报表的种类和要求。

5. 村集体经济组织应当建立内部牵制制度。主要内容包括：内部牵制制度的原则；组织分工；出纳岗位的职责和限制条件；有关岗位的职责和权限。

6. 村集体经济组织应当建立稽核制度。主要内容包括：稽核工作的组织形式和具体分工；稽核工作的职责、权限；审核会计凭证和复核会计账簿、会计报表的方法。

7. 村集体经济组织应当建立原始记录管理制度。主要内容包括：原始记录的内容和填制方法；原始记录的格式；原始记录的审核；原始记录填制人的责任；原始记录签署。

8. 村集体经济组织应当建立财产清查制度。主要内容包括：财产清查

的范围；财产清查的组织；财产清查的期限和方法；对财产清查中发现问题的处理办法。

9. 村集体经济组织应当建立财务收支审批制度。主要内容包括：财务收支审批人员和审批权限；财务收支审批程序；财务收支审批人员的责任。

第二部分
农村集体"三资"管理

第九章

农村集体经济组织"三资"管理概述

为了进一步规范农村集体"三资"管理,保障群众的合法权益,县级人民政府应根据国家有关政策和法律法规和《山东省人民政府办公厅转发省农业厅关于进一步加强农村集体资金资产资源管理的意见的通知》的规定,结合本地实际,制定出本辖区农村集体"三资"管理办法。农村集体"三资"归该集体经济组织全体成员共同所有,受国家法律保护,任何单位和个人不得违法侵占、平调、挪用。

第一节 农村集体"三资"

农村集体"三资",是指农村集体经济组织的资金、资产、资源。资金是指农村集体拥有的现金、银行存款、有价证券等。资产是指农村集体所有的固定资产、在建工程、投资资产、农业资产、存货及无形资产等。资源是指农村集体拥有的物力、财力、人力等各种物质要素的总称。资源分为社会资源和自然资源两大类,这里主要指自然资源,即属于集体所有的土地、林地、山岭、草地、荒地、滩涂、水面等自然资源。

一、农村集体"三资"管理要求

1. 农村集体"三资"管理工作,应按照制度"管权、管事、管人",规范管理、强化监管、加强服务,应逐步达到产权明晰、权责明确、经营高效、管理民主、监督到位的要求，保障农村集体经济组织成员权利，保证农村集体"三资"科学使用，保值增值，促进集体经济发展壮大，促进农民收入增加，促进农村经济社会和谐稳定发展。

2. 农村集体"三资"管理应坚持民主、公开、农村集体经济组织全体成员受益的原则。保障农村集体经济组织成员对农村集体"三资"占有、出售、收益、抵押、担保、退出、继承和分配的知情权、参与权、监督权，充分体现农村集体经济组织成员的主体地位，切实维护农村集体经济组织成员的权益。

3. 市级农业、财政部门应负责农村集体"三资"管理工作的督促和指导；县级农业、财政部门应对农村集体"三资"管理工作负有直接责任；各乡镇（办）人民政府应对农村集体"三资"管理工作负有具体责任。

4. 县级农业、财政等部门应在农村集体"三资"管理工作中要各负其责，相互配合，相互支持。负责农村集体"三资"管理日常工作的组织、指导和监督，制定管理监督措施，完善规范工作程序；负责农村集体"三资"管理的审计监督工作，指导乡镇（办）开展农村集体"三资"管理的审计工作，指导督促基层组织进一步完善农村集体资产台账和资源登记簿，加强经济合同管理；负责指导农村集体"三资"管理的公开、公示工作，完善公开、公示办法。

二、农村集体"三资"管理委托代理

为了加强对农村集体"三资"的管理，在保证农村集体"三资"所有权和收益权、审批权、使用权不变的前提下，应实行农村集体"三资"管理委托代理制度。

县级应成立以纪委、农业、财政等单位人员为成员的农村集体"三资"管理委托代理监督机构，负责农村集体"三资"管理委托代理监管工作的组织、协调、监督及日常工作的管理，组织开展对农村集体"三资"管理委托代理工作相关人员的培训；依托乡镇（办）财政所（经管站）设立农村集体"三资"管理委托代理服务中心（以下简称"三资"委托代理中心）和农村集体经济产权交易中心，依法开展农村集体"三资"管理委托代理记账工作，对农村集体"三资"的使用、购置、处置等行为进行管理和监督。

（一）县级农村集体"三资"管理委托代理监督机构工作职责

1. 负责对所辖区域内的农村集体"三资"监管代理工作及交易工作的领导和实施。定期组织一次农村集体"三资"监管代理工作专题会议和情况通报。

2. 负责督促"三资"委托代理中心指导村级组织编制村级年度预决算方案。

3. 制定村级"三资"管理年度考核方案，审核村干部报酬、养老保险办理。

4. 定期组织一次村级"三资"的清理核查工作。

5. 组织对村集体经济组织实施年度审计、专项审计、换届及离任人员的财务审计和移接交工作。

6. 负责审批农村集体经济资产、资源交易项目，审定农村集体经济资产、资源交易方式。

7. 督促村集体经济组织配合实施农村集体经济组织"三资"监管代理工作，对违反"三资"管理办法人员及时进行追究责任。

8. 配合纪检、监察和上级有关部门对违规违纪人员的查处工作。

（二）乡镇（办）农村集体"三资"委托代理中心工作职责

1. 代理会计核算，按照《会计法》《村集体经济组织会计制度》等法律、法规和制度的规定，为代理单位设立账簿，进行会计核算，实施会计监督。

2. 加强预决算管理，指导、审核、监督村级年度收支预决算工作。

3. 代管资金，"三资"委托代理中心在金融机构统一开设村级资金"代管专户"，监督村级资金收支活动。

4. 代理现金收付，村级日常开支实行备用金制度，按照村级收支内容及时办理资金报账业务。

5. 做好资产、资源的动态管理工作，及时做好资产、资源台账的核对工作，做到账实相符，账账相符。

6. 加强会计档案管理，建立健全会计档案管理制度，及时整理村级会计档案，分类编号，装订成册，统一保管，不得散失、毁损。

7. 提供会计信息，按照财务会计制度和上级业务主管部门的要求，及时编报财务报告，提供代理期间真实完整的各类会计信息。

8. 协助农村集体经济产权交易监管和合同监管项目竞标工作，协助已成立的农村集体经济产权交易中心做好农村集体资产资源产权交易的管理监督工作。

第二节　民主管理

农村集体"三资"重大事项决策应实行"四议两公开"议事制度。涉及农村集体"三资"的事项，应由村党支部会提议、"两委"会商议、党员大会审议、村民会议或者村民代表会议决议，做到决议公开、实施结果公开。

一、"四议两公开"内容

1. 年度财务预算、预算调整、决算及年终收益分配方案。
2. 对农村集体资产、资源进行发包、出租、转让；大中型固定资产的变卖和报废处理。
3. 农村集体经济组织投资和工程建设。
4. 大额资金借贷、重要资产借用以及对外捐赠。
5. 农村集体债权和应收款项的核销。
6. 农村集体"三资"进行抵押、担保。
7. 其他应当经农村集体经济组织成员会议或成员代表会议讨论决定的事项。

二、村财务监督委员会负责村民民主理财，应履行的工作职责

1. 参与制订本集体经济组织的财务计划、财务事项决策和财务管理制度，定期召开民主理财会议，开展民主理财活动。
2. 审核本集体经济组织财务账目及相关的经济活动事项，审查集体经济组织开支并签字盖章，否决不合理开支，接受本集体经济组织成员委托

查阅、审核财务账目。

3. 监督村级集体经济组织负责人和财务人员执行财经纪律情况；监督、检查本集体经济组织财务公开及预算执行情况，向村民会议或村民代表会议报告民主理财情况。

4. 向本集体经济组织提出村集体经济发展和财务管理方面的意见和建议。

5. 配合财政、农业、经管部门或审计部门做好农村集体经济组织财务审计工作。

三、村级报账员应具备从事会计工作所需要的专业能力

村级报账员可以由村民委员会组成人员兼任，村报账员应纳入会计管理，应当具备从事会计工作所需要的专业能力，并相对保持稳定，村级报账员的更换应报县级农村集体"三资"管理委托代理监督机构同意，由乡镇（办）"三资"委托代理中心审核任职条件。

1. 应实行农村集体"三资"核查制度。农村集体"三资"核查工作应在县级农村集体"三资"管理委托代理监督机构统一指导下，由村民委员会定期组织实施。核查内容包括资金使用情况，资产、资源处置情况，资产、资源保值增值及收益分配情况等事项。农村集体"三资"核查工作实行定期巡查、定期评议、定期公示制度。

2. 应实行农村集体"三资"公开制度。每月末乡镇（办）"三资"委托代理中心应将村财务收支和资产、资源明细情况在村财务公开栏内进行公示，接受村民监督。

第十章

农村集体"三资"管理

第一节 农村集体资金管理

农村集体主要收入包括经营、发包、租赁、投资、资产处置等集体收入，上级转移支付资金以及补助、补偿资金，社会捐赠资金，兴办集体公益事业筹集资金，集体建设用地收益等。

农村集体主要支出包括经营性支出、管理费用以及公益事业支出、福利性支出、投资项目支出等。

农村集体所有收入必须及时进入乡镇（办）"三资"委托代理中心专用账户，实行票款同行，不得坐收坐支，公款私存。

农村集体收入应使用统一收款收据，应按照山东省农业厅《关于规范村级集体经济组织票据管理的通知》（鲁农经管字〔2014〕10号）文件要求使用管理。

一、农村集体支出必须遵循以下原则

1. 严格执行年初预算。按照村级财务预决算制度执行。循序支出，严禁突击用钱。

2. 实行按时报账制。农村集体统一实行报账制，乡镇（办）"三资"委托代理中心应根据业务量和区域远近，合理确定报账时间，各村每月至少应报账1次。村集体按规定应配备专职或兼职的村级报账员，村级报账员应具有会计从业资格证书，纳入会计管理。

3. 实行"签审"制度。各项日常开支须有事由说明、经手人、证明人、财务"一支笔"主管签字,并由村财务监督委员会审核盖章、会计委托代理服务中心审核后方可入账,大额支出必须经村民会议或者村民代表会议审核通过,并报乡镇(办)政府批准,同时履行审批程序。

4. 严格支出用途。村级支出主要包括:村干部报酬、办公经费、非生产性支出、生产性支出及其他支出。其中:非生产性支出实行限额标准控制,县级农业、财政部门应根据村级经济发展水平制定村级公用经费限额标准,农村集体报刊费按当地有关部门制定的人均标准限额控制,大额生产性支出应实行村级集体"一事一议"的办法、报乡镇(办)政府或相关部门先批后建的审批程序,严格支出的管理。

5. 实行资金直达制度。对涉农补贴款、民政优抚款、村干部报酬、农户拆迁及土地征用补偿费等涉及个人款项,由中心按有关规定直达个人账户;对"一事一议"项目等专项建设资金由"三资"委托代理中心根据施工合同、项目预决算报告及验收相关情况直达施工单位或个人。

6. 实行备用金管理制度。备用金的限额,由"三资"委托代理中心根据各村会计业务量大小、地理位置及支出状况,与村委会协商决定。原则上备用金额度应限制在合理区间,特殊因素需要增加备用金额度的行政村,必须经乡镇(办)"三资"委托代理中心审批。备用金的领取由村报账员申报,村财务负责人审核,"三资"委托代理中心审批。

7. 严格日常支出管理。村级集体经济组织支出的原始凭证,原则上必须取得税务部门的正式发票,对数量少、金额小难以取得税务发票的零星开支,经报当地政府批准,明确开支明细科目后,由乡镇(办)"三资"委托代理中心按规定审批。

二、村级集体经济组织票据

(一)票据种类

以山东省村级集体经济组织举例说明如下。

1. 山东省村级集体经济组织收款收据;
2. 山东省村民一事一议筹资筹劳专用收据;
3. 山东省农民承担生产性费用专用收据;

4. 山东省村级集体经济组织付款凭据。

(二) 票据样式

1. 山东省村级集体经济组织收款收据如图 10-1 所示。

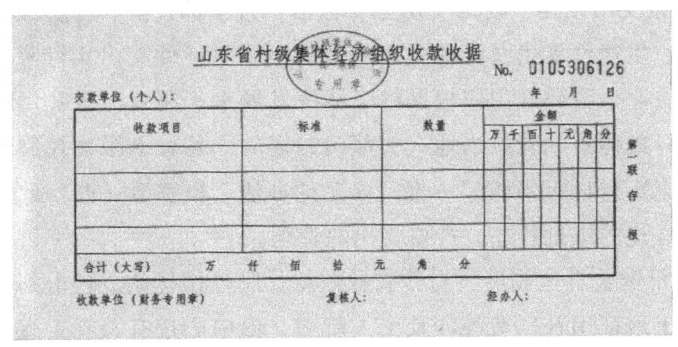

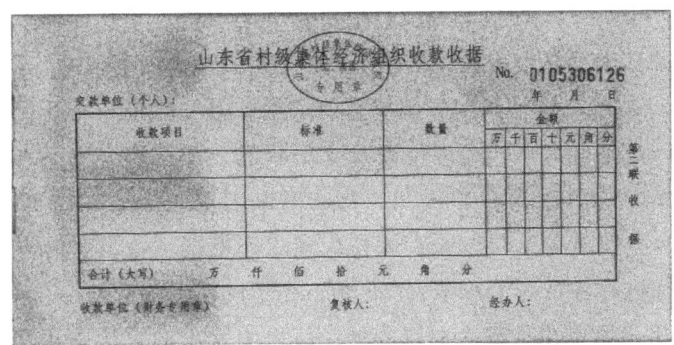

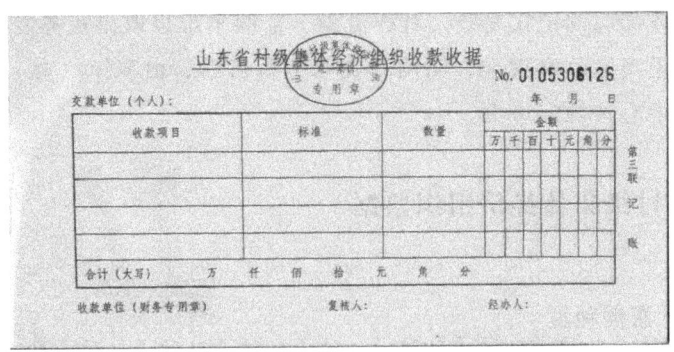

图 10-1 山东省村级集体经济组织收款收据

(1) 本收据成品规格 200mm×95mm，每本 25 份，订左封右。套印"山东省村级集体经济组织统一票据专用章"（金光红色），规格 30mm×20mm。

(2) 本收据一式三联，第一联：存根联（黑色），由收款单位留存备查；第二联：收据联（棕红色），由付款单位（个人）收执；第三联：记账联（绿色），由收款单位作记账凭单。

2. 山东省村民一事一议筹资筹劳专用收据如图 10-2 所示。

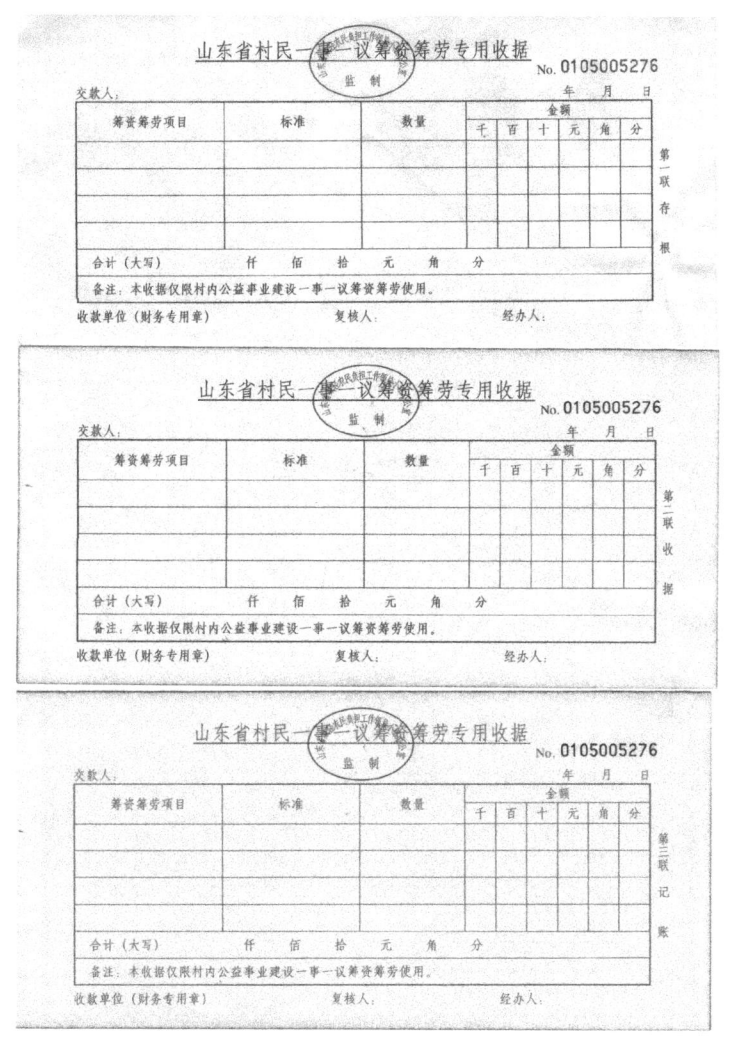

图 10-2　山东省村民一事一议筹资筹劳专用收据

（1）本收据成品规格 200mm×95mm，每本 25 份，订左封右。套印"山东省减轻农民负担工作领导小组办公室监制"章（金光红色），规格 30mm×20mm。

（2）本收据一式三联，第一联：存根联（黑色），由收款单位留存备查；第二联：收据联（棕红色），由交款人收执；第三联：记账联（绿色），由收款单位作记账凭单。

3. 山东省农民承担生产性费用专用收据如图10-3所示。

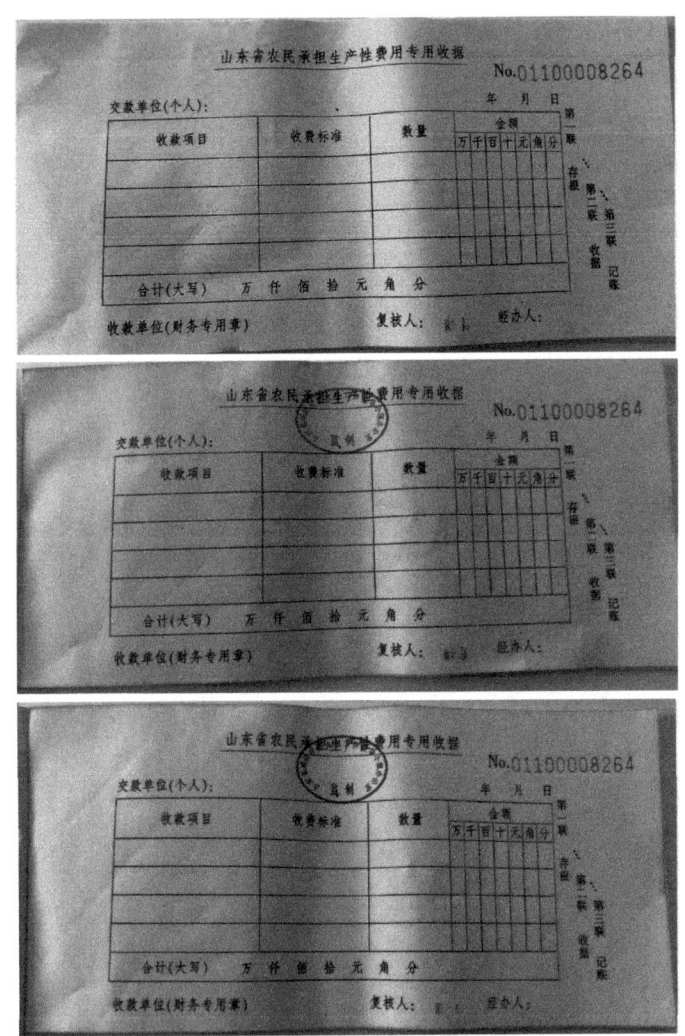

图10-3 山东省农民承担生产性费用专用收据

（1）本收据成品规格200mm×95mm，每本25份，订左封右。套印"山东省减轻农民负担工作领导小组办公室监制"章（金光红色），规格30mm×20mm。

(2) 本收据一式三联，第一联：存根联（黑色），由收款单位留存备查；第二联：收据联（棕红色），由交款人收执；第三联：记账联（绿色），由收款单位作记账凭单。

4. 山东省村级集体经济组织付款凭据如图 10-4 所示。

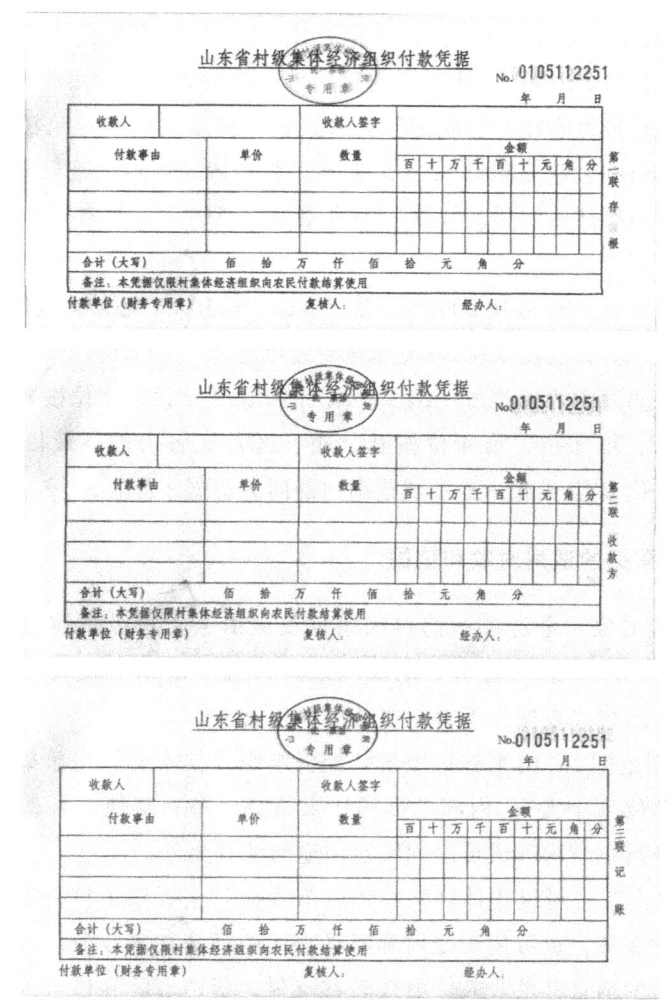

图 10-4　山东省村级集体经济组织付款凭据

(1) 本凭据成品规格 200mm×95mm，每本 25 份，订左封右。套印"山东省村级集体经济组织统一票据专用章"（金光红色），规格 30mm×20mm。

(2) 本凭据一式三联，第一联：存根联（黑色），由付款单位留存备查；第二联：收款方联（蓝色），由收款人收执；第三联：记账联（棕红色），由付款单位作记账凭单。

山东省村级票据样式统一为一式三联，前三种票据的第一联存根联（黑色）、第二联收据联（棕红色）、第三联记账联（绿色）；"山东省村级集体经济组织付款凭据"的第一联存根联（黑色）、第二联付款联（蓝色）、第三联记账联（棕红色）。四种票据的二、三联套印椭圆形金光红色监制章或专用章。其中，"山东省村民一事一议筹资筹劳专用收据""山东省农民承担生产性费用专用收据"两种票据，套印"山东省减轻农民负担工作领导小组办公室监制章"；"山东省村级集体经济组织收款收据""山东省村级集体经济组织付款凭据"两种票据，套印"山东省村级集体经济组织统一票据专用章"。

票据印刷成品规格长200mm、宽95mm，采用50克无碳复写纸印制，一本25份75页，封皮采用80克木浆牛皮纸。

票据号码以市为单位统一编制，采用10位数字，前2位按各市行政区划顺序列示，第3位、第4位按县（市、区）在各市的行政区划顺序列示，后6位代表县（市、区）域范围内的同类票据序号。

（三）票据的适用对象和范围

1. 适用对象。全省统一的村级票据仅限山东省村级集体经济组织使用。村级集体经济组织向本组织成员以及其他单位和个人收取的有关款项，必须使用村级票据，不得使用其他不合规收据。

2. 适用范围。"山东省村级集体经济组织收款收据"用于集体经济组织与外部单位（个人）、内部成员的往来结算业务；其他三种票据用于村级集体经济组织与内部成员之间特定用途的结算业务。

（1）"山东省村级集体经济组织收款收据"主要用于村级集体经济组织对外收款业务，也可用于与内部成员之间的经济往来业务，包括接受国家有关部门的项目补助收入、财政转移支付、资产资源补偿收入；接受外部单位或个人捐款、赞助费、补偿费；收到向外部单位或个人的借款或暂收款；收取村级集体资产资源对外有偿使用收入，如房屋、设备、各类基础公益设施等资产以及集体所有的土地、林地、水面等自然资源的出租和出让收入等。

（2）"山东省村民一事一议筹资筹劳专用收据"用于村级集体经济组

织向村民收取"一事一议"筹资及农民自愿以资代劳款项。

（3）"山东省农民承担生产性费用专用收据"用于村级集体经济组织向村民收取应由村民承担的生产性费用，如引用黄河水费、统一机耕费等。

（4）"山东省村级集体经济组织付款凭据"用于村级集体经济组织向农民个人支付款项的结算业务，如雇用农民发生的零工劳务费、购买农民农产品的货款等。

（四）票据管理

1. 分级管理、专人负责。市、县（市）区农业（经管）部门要加强村级票据的统一管理，明确专管人员，具体负责村级票据的日常管理工作。设立"村级票据领用登记簿"，对印制、领购、使用、作废、核销情况详细记录。乡镇（办）"三资"委托代理中心负责指导各村规范使用票据，村级要妥善保管各种票据，如发生遗失，应及时报告票据发放单位，并在县级以上传媒申明作废。

2. 规范启用、使用制度。村级集体经济组织启用票据时，应检查有无缺残、缺号，发现问题及时向发放单位报告情况，核实后进行调换，不得自行销毁。使用时，必须做到按号码顺序填开，内容完整，字迹清晰，大小写相符一致，严禁单联填写、涂改、伪造或拆本使用，收据联必须加盖单位印章及收款人签字。填写出现错误时，必须在三联收据上同时加盖作废章。

3. 实行验旧领新制度。村级集体经济组织到乡镇（办）"三资"委托代理中心领购票据，乡镇（办）"三资"委托代理中心应核验已用票据的存根联，加盖核验章，并退回村级集体经济组织，以便查账核实之用。存根联必须按规定期限保存，期满后需要销毁时，村级集体经济组织必须登记造册，经乡镇（办）"三资"委托代理中心初审，报县级农业（经管）部门审核同意后，在乡镇（办）"三资"委托代理中心的监督下，由村级集体经济组织进行销毁。

4. 票款同步、收支两条线。使用村级票据收取的各类收入款项，应全额缴入乡镇（办）"三资"委托代理中心管理，不得坐收坐支。严禁任何单位或个人挪用、侵占村集体资金，确保村级集体经济组织资金安全。

（五）对村级票据业务的指导和监督

县级农业（经管）部门指导乡镇（办）"三资"委托代理中心负责对

尚未使用的旧票据进行认真清理汇总，登记造册，统一销毁。乡镇（办）"三资"委托代理中心和村级集体经济组织要按照《会计法》《会计基础工作规范》等有关法律法规，规范使用村级票据，进一步提高农村集体财务管理水平。

三、实行收支预决算制度

编制收支预算必须坚持"收入合规、支出有度、收支平衡、略有结余"的原则，年初预算、预算调整、年终决算须经村民会议或者村民代表会议讨论通过，"三资"委托代理中心严格监督执行。预算的调整须经预算规定的程序，村集体经济组织应先书面报告说明事由，经村民会议或者村民代表会议讨论通过，村财务监督委员会审核、报"三资"委托代理中心备案，乡镇（办）政府审批后，予以预算收支调整。

加强村集体经济组织债权债务的管理。建立债权债务明细账，每年度应对村集体经济组织的债权债务进行核实清理，做到账账、账实相符，不得产生建设项目账外债务现象。

第二节 农村集体资产管理

一、农村集体资产

农村集体资产主要包括：

1. 农村集体经济组织投资、投劳以及国家支持农村集体经济组织投资形成的房屋、建筑物、机器、设备以及农田水利等农业基本建设设施和教育、科技、文化、卫生、体育、供水供电、交通通信等公益性设施；

2. 农村集体经济组织兴办的企业股权及其权益，以及通过兼并、分立、有偿转让等方式形成的股权；

3. 农村集体经济组织在联营企业、股份制企业、股份合作制企业、中外合资、合作经营企业和集资建设的项目中投资入股的，按照投资份额拥有的资产股权及其权益；

4. 农村集体经济组织所有的牲畜（禽）、林木等生物资产；
5. 农村集体经济组织所有的固定资产、库存物资等有形资产；
6. 农村集体经济组织拥有的专利权、商标、商誉等无形资产；
7. 农村集体经济组织接受捐赠、资助等形成的资产；
8. 依法属于农村集体经济组织所有的其他资产。

二、农村集体资产管理

农村集体经济组织成员对集体资产股份拥有占有、收益、出售、退出、担保、继承的权利。

农村集体经济组织所有的房屋、建筑物、机器、设备、工具、器具和农业基本建设设施等资产，要按资产的类别建立资产台账，及时记录资产增减变动情况。实行承包、租赁经营的，还应当登记承包、租赁单位（人员）名称，承包费或租赁金以及承包、租赁期限等。已出让或报废的，应当按照相关规定及时核销。

农村集体经济组织重大工程建设项目应实行公开招投标。工程完工后，依照合同严格组织验收，形成固定资产的，应落实监管责任人。

农村集体经济组织应定期进行资产清查，其中固定资产、产品物资每年应进行一次盘点清查，做到账实相符。

农村集体经济组织所有的资产有下列情形之一的，应当参照国家有关规定进行资产评估：

1. 农村集体经济组织对集体资产进行承包、租赁，或以参股、联营、合资、合作方式经营集体资产的；
2. 对集体资产以拍卖、转让、产权交易等方式进行产权变更的；
3. 农村集体企业出现兼并、分立、破产清算情形的；
4. 在农村集体资产上设立抵押权及其他担保物权的；
5. 其他需要进行资产评估的。

农村集体资产评估应由县（市）区农村集体"三资"管理机构组织实施。可聘请涉及相关专业的单位或人员参与评估工作，数额较大的重要资产评估应委托具备相应资质的中介机构实施。评估结果应按权属关系经农村集体经济组织成员会议或成员代表会议确认。

农村集体资产的购置、处置、租赁、承包或出让，应当制订相关方案，明确资产的名称、数量、用途、承包、租赁、出让的条件及其价格，经农村集体经济组织成员会议或成员代表会议决定后，应在县（市）区农村集体"三资"管理机构的领导和参与下，由乡镇（办）或县级农村集体产权交易中心组织开展招标投标工作，采取招标投标的方式进行，并签订书面合同，资产的购置、处置、租赁、承包或出让达到一定数额的，应在县级实行公开招投标。

固定资产购置。固定资产价值较小的应由村"两委"决定购置；价值较大的应由村"两委"提出意见，经村民会议或者村民代表会议讨论同意后方可购置；房屋、建筑物等较大投资项目实行招投标方式建设。购置或投资及接受捐赠、资助等所形成的固定资产，乡镇（办）"三资"委托代理中心应进行固定资产总账及明细账分类核算，并登录固定资产记录簿。

三、村集体资产的处置

1. 村集体资产的处置原值较小的应由村"两委"决定；原值较大的须经村民会议或者村民代表会议讨论同意后方可处置，并在"三资"委托代理中心备案。处置方法实行公开招投标方式，确保固定资产保值增值。处置所得要及时足额缴入"三资"委托代理中心资金专户，并进行财务核算，且登录固定资产登记簿资产目录。

2. 村集体资产承包、租赁价值各地可根据当地实际情况确定，一般实行招投标制度，对村集体资产承包、租赁价值较小的可由村"两委"本着依法、实用、简便的原则对外承包或租赁，在"三资"委托代理中心登记备案。

农村集体经济组织应定期对集体资产运营情况进行检查，确保集体资产安全和保值增值。

第三节 农村集体资源管理

农村集体经济组织资源是法律规定属于集体所有的耕地、林地、园地、草场、荒山、荒地、荒坡、荒滩、水面、建设用地、矿藏等，属于农村集体经济组织成员共同所有。

县（市）区农村集体"三资"管理机构依法维护农民土地承包经营权，稳定农村土地承包关系，保护农民对承包地占有、使用、收益、流转及承包经营权抵押、担保权。

农村集体经济组织应当建立资源台账，包括村集体土地资源台账、土地资源使用情况台账和土地资源年度增减变化情况台账（见表10－1、表10－2、表10－3）。对集体所有的资源逐项记录。资源登记簿主要内容包括：资源的名称、类别、坐落、四至、面积等。实行承包、租赁经营的集体资源，还应当登记资源承包、租赁单位（人员）的名称、地址，承包、租赁资源的用途，承包费或租赁金，期限和起止日期等。农村集体建设用地以及发生农村集体建设用地使用权出让事项等要重点记录。

农村集体经济组织有权依法决定集体资源的经营方式，可由集体经济组织直接经营或实行承包经营、租赁经营，也可以采取集体资产参股、联营和股份合作经营方式，保证集体资源的保值、增值。

农村集体经济组织所有且没有采取家庭承包方式的耕地、林地、园地、草场、荒山、荒地、荒坡、荒滩、水面等资源承包、租赁的，其承包、租赁方案应经本集体经济组织成员会议或成员代表会议讨论决定，并采取招标投标的方式进行。

农村集体经济组织资源的承包、租赁应当签订书面合同，明确双方的权利、义务、违约责任等。合同应当使用统一规范的文本。

农村集体经济组织建设用地收益归集体经济组织所有，主要用于发展集体生产经营、兴办公益事业等，其分配方案应经农村集体经济组织成员会议或成员代表会议讨论通过，并报乡镇（办）政府备案。

农村集体经济组织资源的处置实行招投标管理制度。农村集体经济组织资源实行租赁、承包或出让的，应当制定相关方案，明确资产的名称、数量、用途，承包、租赁、出让的条件及其价格，经农村集体经济组织成员会议或成员代表会议决定后，采取招标投标的方式进行，并签订书面合同，对于价值较大的资源处置必须聘请专业单位和人员参与。

表10－1

×村集体土地资源年度增减变动情况台账

各类集体土地年度增减变动情况

单位：亩

资源类型	类别			期初面积	变动年份	期末面积	变动年份	期末面积	变动年份	期末面积	变动年份	期末面积	变动年份	期末面积	变动年份	期末面积
农用地	耕地	小 计														
		其中：1. 承包地														
			其中：川地													
			水浇地													
			山地													
		2. 机动地														
	林地	其中：1. 承包林地														
		2. 集体林地														
	园地	其中：1. 承包园地														
		2. 集体园地														
	牧草地	其中：1. 承包牧草地														
		2. 集体牧草地														
	水面	其中：1. 承包水面														
		2. 集体水面														
	其他															

续表

资源类型	类别	期初面积	各类集体土地年度增减变动情况									
			变动年份	期末面积	变动年份	期末面积	变动年份	期末面积	变动年份	期末面积	变动年份	期末面积
建设用地	小计											
	村办公用地											
	居民宅基地											
	公益、单位用地											
	矿山用地											
	乡村交通用地											
	其他											
未利用土地面积	小计											
	荒山											
	荒坡											
	荒滩荒涂											
	荒沟											
	其他											
合计												

表 10-2　　　　　　　　　　××村集体土地资源台账

资源类型：□农用地　　其中：□耕地　　□林地　　□园地　　□村民宅基地　　□水面　　□牧草山用地　　□其他　　单位：亩
资源类型：□建设用地　　其中：□村办公用地　　□公益单位用地　　□乡村交通用地　　□其他
资源类型：□未利用土地　　其中：□荒山　　□荒坡　　□荒沟　　□荒滩荒涂

年	月	日	摘要	坐落四至				图号	使用方式	期初面积	新增面积	减少面积	期末面积
				东至	南至	西至	北至						

表 10－3　××村集体土地资源使用情况台账

单位：亩，元

年	月	日	摘要	资源类别	面积	四至	承包、租赁、投资及使用情况							合同到期收回情况		
							使用方式	单位名称	起止时间	投资价值	合同编号	年收益额	收益方式	经办人	收回时间	收回状态	经办人

使用方式：指出租、承包、对外投资、担保、其他

第四节 村级财务预算编制

村级财务预决算是村级财务管理工作的重要组成部分,实行村级财务收支预算管理,使村级财务管理工作更加科学化、规范化、制度化,将大大提高村级资金的使用效率,促进基层党风廉政建设,密切党群、干群关系。

村级财务预算管理是指村集体对未来的经营活动和相应财务结果进行充分、全面的预测和筹划,并通过对执行过程的监控,将实际完成情况与预算指标不断对照和分析,从而及时指导经营活动的改善和调整,提高村级财务管理效率。

1. 制订计划。村级财务预算有助于村管理者通过计划具体的行为来确定可行的目标,同时能使村管理者考虑各种可能的情形。

2. 促进合作与交流。村级财务预算能协调组织各种活动,使得村管理者全盘考虑整个价值链之间的相互关系,预算是一个有效的沟通手段,能触及到村集体的各个角落。

3. 有助于业绩评价。通过村级财务预算管理各项目标的预测、组织实施,能促进村集体各项目标的实现,保证各项目标的不断提高和优化,是体现村集体业绩的一种好的管理模式。

4. 激励村民。村级财务预算的过程会促进村管理者及全体村民面向未来,促进发展,有助于增强预见性,避免盲目行为,激励村民完成村集体的目标。

一、年度收支预算的编制

1. 村级 2020 年度财务收支预算编制,应参照 2019 年财务收支情况,结合本年度工作计划和财务管理要求,本着"量入为出、统筹兼顾、留有余地"的原则合理安排。

2. 村级预算采取"两上两下"的编制程序,由村两委编制预算草案,递交乡镇(办)经管站审核,修改后在村里公示,结合群众的意见修改后再次上报,由村民会议或村民代表会议表决通过后执行。村级财务收支预算编制的组织、指导、草案审核、预算执行动态管理和考核等由乡镇(办)经管站负责,由村委会负责执行。

3. 严格执行"先预算、后支出,无预算,不支出"的原则,村务监督委员会对村级财务预算执行情况进行监督。对没有履行调整程序而发生的超预算支出项目,乡镇(办)三资代理记账中心坚决不予入账。

4. 预决算的主要内容包括年度可预测的各项收入、各项支出的综合预算和不可预测的重要项目、工程实施的专项预算。年度终了,必须编制决算。

5. 预算编制必须坚持"量入为出、统筹兼顾、留有余地"的原则。预算方案须在年初编制完毕,报乡镇(办)经管站审核后,经村民会议或村民代表会议讨论通过,张榜公布通过后,报乡镇(办)三资代理记账中心备案。

6. 年度重要项目和工程等预算因不可预测的因素需要调整时,由村两委提出调整方案并附详细说明,经村民会议或村民代表会议讨论通过,张榜公布,报乡镇(办)三资代理记账中心通过后,方可调整。

7. 年终由乡镇(办)经管站根据年度实际收支情况会同村两委编制详细的收支决算,并将决算向村民会议或村民代表会议公布和说明,同时张榜公布,接受村民监督。

二、2020年村级财务收支预算表模板,具体预算项目(见表10-4)

表10-4　　　　　(××)村2020年财务预算表

2019年12月31日

收入部分					支出部分				
项目	2019年决算	2020年预算	比上年	说明	项目	2019年决算	2020年预算	比上年	说明
合计					合计				
一、经营收入					一、经营支出				
农产品销售收入					销售农产品成本及费用				
物资销售收入					销售物资成本及费用				
租赁收入					租赁成本及费用				

续表

收入部分					支出部分				
项目	2019年决算	2020年预算	比上年	说明	项目	2019年决算	2020年预算	比上年	说明
服务收入					提供服务成本及费用				
劳务收入					对外提供劳务成本				
其他经营收入					经济林木管护费用及成本				
二、发包及上交收入					其他经营支出				
房屋租赁收入					二、管理费用				
厂房租赁收入					村干部工资				
耕地承包收入					村其他干部误工报酬				
林地承包收入					村干部保险				
果园承包收入					村干部福利				
鱼塘承包收入					其他人员工资福利				
村办企业上缴利润					通信费				
三、补助收入					交通费用				
财政转移支付资金					办公费用				
其他补助收入					差旅费（设备运输途中产生的打车票、公交车票）				
					培训费				
					招待费（仅限于招商引资）				
					会议费				
四、其他收入					书报费				
罚没收入					考察费				
存款利息收入					选举费用				
固定资产盘盈收入					党务费用				
产品物资盘盈收入					折旧及修理费				
其他					村集体福利费用				
					其他管理费用				
					三、其他支出				

续表

收入部分					支出部分				
项目	2019年决算	2020年预算	比上年	说明	项目	2019年决算	2020年预算	比上年	说明
五、投资收益					公益性固定资产折旧费				
					利息支出				
					农业资产毁损支出				
					固定资产及物资盘亏损失				
					防汛抢险支出				
					坏账损失				
					罚款支出				
					其他				
					四、工程建设项目支出				
					村内小型农田水利建设				
					村内街道和田间道路修建及维护				
					桥涵建设及加固维修				
					饮水工程修建				
					村内环卫设施修建				
					村容美化亮化工程				
					村民文体公共活动场所建设				
					村内风能和太阳能新能源设施				
					农业综合开发有关村内土地治理项目				
					其他集体生产生活公益事业项目支出				
					五、固定资产购置支出				
					办公设备				
					电子设备				
					交通工具				
					农机具				
					收支结余				

制表人签字： 村负责人签字： 村务监督委员会负责人签字：

第五节　监督检查

市、县级农业、财政等部门应加强对农村集体"三资"监管代理工作的监督检查，定期或不定期开展巡查工作，发现问题要及时督促整改。

乡镇（办）党委政府应作为农村集体"三资"监管工作责任主体，每年应通过自查自找、党员群众评议、征求包村干部和村务监督委员会意见、专项核查等形式，依托乡镇（办）纪委和乡镇（办）"三资"委托代理中心，组织力量开展农村集体"三资"管理委托代理工作监督检查，及时发现和解决问题，完善管理监督检查工作。

县级人民政府及县农业、财政和经管部门应加强对村级财务的审计工作，对村级财务实行年度专项或抽样审计，并对村"两委"任期内经济目标责任和离任的村干部进行离任审计，对群众反映强烈的问题进行重点审计，审计结果及处理意见应及时向群众公开，纳入中心存档。

有关责任人员未按规定履行或者正确履行职责造成农村集体"三资"损失，经调查核实和责任认定，应当追究其责任。

有下列行为之一的，应当由乡镇（办）及以上纪检监察机关责令限期改正；造成经济损失的，责令其赔偿；视情节轻重，对直接责任人员应当给予党纪、政纪处分；构成犯罪的，应依法追究相关责任人的刑事责任。

1. 违反规定无据收支款或者收入不入账、公款私存、设立"小金库"，隐瞒、截留、坐支集体收入；

2. 以虚报、冒领等手段套取、骗取属于集体所有的资金资产；

3. 违反规定处置农村集体"三资"，或者擅自用集体财产为他人提供担保，损害集体利益；

4. 在集体资金使用、经济项目和工程建设项目立项以及资产资源承包、租赁等经营活动中暗箱操作，没有实行公开招投标，为本人或他人谋取私利；

5. 不按规定实行民主理财，阻挠、干扰有关部门和单位开展经济审计和监督检查；

6. 侵占、截留、挪用、哄抢、私分、破坏或者非法查封、扣押、冻结农村集体资金资产资源。

农村集体"三资"委托代理中心工作人员滥用职权、徇私舞弊、玩忽职守，造成集体"三资"损失的，应当依法承担民事责任；情节严重的，应当由其所在单位或上级机关对责任人员给予党纪、政纪处分；构成犯罪的，应依法追究刑事责任。

第六节 进一步加强农村集体"三资"管理

根据山东省人民政府办公厅《转发省农业厅关于进一步加强农村集体资金资产资源管理的意见的通知》（鲁政办发〔2009〕124号）文件精神，稳定和完善农村基本经营制度，切实维护农村集体经济组织和农民群众的合法权益，促进农村基层党风廉政建设，促进社会主义新农村建设健康发展，进一步加强农村集体"三资"管理工作。

一、明确加强农村集体"三资"管理的任务目标和指导原则

（一）进一步提高认识

当前，全省农村改革发展已进入新的历史阶段，随着新农村建设投入不断加大，全省农村集体经济迅速发展，农村集体资金、资产、资源已经形成相当规模。农村集体经济实力的壮大，对改善农业生产条件、发展现代农业、促进农村经济可持续发展发挥了十分重要的作用。近年来，尽管全省在加强农村集体"三资"管理方面做了大量工作，取得了一定成效，但目前一些乡镇（办）的管理还相当薄弱，主要表现在：集体资产被贪占、挪用、挥霍浪费，集体资产被随意平调或无偿占用，财务管理不民主、不公开，将集体资产、资源低价承包、变卖、折股等，造成集体资产严重流失，有的因此而引发党群、干群关系紧张，农民集体上访，增加了社会不安定因素。对此，各级、各部门应要高度重视，充分认识加强农村集体资金、资产、资源管理，对稳定和完善农村基本经营制度，增强集体经济组织服务功能，壮大集体经济实力，增加农民收入，改善农村生产生

活条件，促进新农村建设和城乡一体化发展，保障农村基层组织正常运转，促进农村基层党风廉政建设，密切党群干群关系，维护农村社会稳定的重要意义。

（二）明确任务目标

农村集体"三资"管理工作，要以党的十八大精神为指导，立足于稳定和完善以家庭承包为基础、统分结合的双层经营体制，切实维护好、实现好、发展好农民群众的根本利益，按照"健全农村集体资金、资产、资源管理制度，做到用制度管权、管事、管人"的要求，健全制度，规范管理，强化监督，加强服务，逐步形成产权明晰、权责明确、经营高效、管理民主、监督到位的管理体制和运行机制，促进集体经济发展壮大，促进农民收入增加，促进农村经济社会又好又快发展。

（三）把握指导原则

农村集体资金、资产、资源属于村（组）集体经济组织全体成员集体所有，是发展农村经济和实现农民共同富裕的重要物质基础。认真贯彻落实《村民委员会组织法》《农村土地承包法》等法律法规的要求，农村集体"三资"管理要充分体现农民群众的主体地位，切实维护农民的权益。必须坚持民主的原则，保障集体经济组织成员对资金、资产、资源占有、使用、收益和分配的知情权、决策权、管理权、监督权。必须坚持公开的原则，资金的使用和收益应当向全体成员公开，资产和资源的承包、租赁、出让应当实行招标投标或公开竞价。必须坚持成员受益的原则，遵循资金、资产、资源管理的规律和特点，采取不同的经营模式和管理方式，提高经营管理水平，节本增效，确保资金、资产、资源的安全和保值增值。必须有利于促进农村承包土地经营权流转、农村集体林权制度改革等综合配套改革，让农民群众随着农村经济社会事业发展和集体经济壮大，得到更多实惠，实现利益共享。

二、建立健全农村集体"三资"管理制度

农村集体资金是指集体经济组织所有的货币资金，包括现金和银行存款。资产是指集体经济组织投资兴建的房屋、建筑物、机器、设备等固定

资产，水利、交通、文化、教育等基础公益设施以及农业资产、材料物资、债权等其他资产。资源是指法律法规规定属于集体所有的土地、林地、山岭、草地、荒地、滩涂、水面等自然资源。农村集体经济组织应当根据本组织资金、资产、资源状况，按照其不同特点和管理要求，建立健全各项管理制度，做到遵章办事，实现农村集体"三资"管理制度化、规范化和民主化。

（一）建立健全"三资"管理内部控制制度

要建立健全现金收支管理制度，确保各项收入及时足额纳入账内管理，各项支出符合规定的审批程序。切实执行现金管理的有关规定，定期盘点，日清月结，确保账款相符。加强票据管理，要以县为单位统一规范各类票据，杜绝"白条"入账，严禁公款私存、私设"小金库"。推广完善村财乡管，健全固定资产及财产物资管理制度，明确相关人员的责任，确保账实相符。加强资源开发利用管理，资源的承包、租赁应当签订书面合同，明确双方的权利、义务及相关责任。

（二）建立健全资产、资源清查登记备案制度

村集体经济组织应当组织对资产、资源情况进行集中清查，摸清底数，将核实后的各项资产、资源按类别建立固定资产台账、材料物资账和集体资源登记簿，对资产、资源的名称、数量、使用情况等相关内容进行全面记录。乡镇（办）农村经营管理机构应当依法建立农村集体资产、资源产权登记制度，对集体经济组织的资产、资源进行登记备案，对其管理使用情况进行动态监督。

（三）建立健全资产、资源经营与处置招投标制度

农村集体资产、资源承包、租赁经营，村内道路、水利、房屋等基础工程建设，应当采用公开协商或者招投标的方式进行。有条件的地方，可以由县乡统一进行招投标。要规范招投标程序，科学合理地设定标底，选择适当的招投标方式，加强监督检查，确保招投标工作公开、公正、民主、透明，确保集体资产保值增值。村集体招投标项目及招投标方式的确定，要充分尊重本集体经济组织成员意愿，履行民主程序，经村民会议或村民代表会议讨论通过，要依法用好"一事一议"制度。在招投标中，同等条件下,本集体经济组织成员享有优先中标权。要加强招投标档案管理,经济合同、招投标方案及有关资料应及时归档并报乡镇(办)农村经营管理机构备案。农村集体资产对外承包、租赁、出让,以参股联营合作方式经营集体资产,集体经济组织实行产权制度改革、合并或者分设,必须经过农村集体资产管理部门和具有评估资质的单位按照程序进行资产评估,按照市场原则确定价格,评估结果要按权属关系经集体经济组织成员的全体村民会议或村民代表会议确认。村集体招投标项目必须严格依法依纪进行,严禁采取不正当竞争手段操纵招投标程序,侵害绝大多数村民的利益。有关部门和市县应依法制定农村集体招投标项目的具体管理办法,规范管理。

(四)建立健全民主管理与财务公开制度

集体经济组织年度财务预算和决算,年度收益分配方案,集体资金、资产、资源经营方式的确定和变更,购置和处分重要固定资产,重大投资项目和举债,集体经济组织产权制度改革,以及其他集体资金、资产、资源管理等涉及各成员切身利益的事项,都要依法召开本集体经济组织成员的全体村民会议或村民代表会议讨论决定。集体经济组织要定期将资金、资产、资源运营情况,全面详细地向成员公布,听取成员对集体"三资"管理工作的意见和建议,接受全体成员的监督。村财务监督委员会或村务公开监督小组应当对集体资金、资产、资源经营及管理事项进行监督,对其使用、维护和收益分配不当的提出整改意见。

三、推进农村集体"三资"管理方式创新

农村集体"三资"管理要适应农村改革发展的新形势和新要求,积极改革创新,增强集体经济组织发展活力和为农户服务能力。

(一)规范村级会计委托代理服务制度

要在坚持民主自愿和集体财产所有权、使用权、审批权和收益权不变原则的基础上,进一步加强会计委托代理机构建设,健全内部管理监督机制,规范代理服务工作流程。要切实加强代理资金管理,乡(镇)代理服务机构代管村集体资金,应当以村为单位在银行开户,实行专户存储,资

金支取实行"双印鉴"管理,确保村集体对资金的使用权、支配权。严禁村集体资金与财政资金和其他项目资金混存,严禁挪用、侵占村集体资金,确保代理资金安全。加强对村集体财务活动的会计监督,定期进行财务公开,切实发挥会计代理的服务和监督职能。

(二) 推进农村集体经济组织产权制度改革

对农村集体所有各类资源性、经营性资产实行股份制改造,发展农村集体资产股份合作、农村社区股份合作,积极探索集体经济的有效实现形式。要加强调查研究,摸清集体经济组织的现状,选择具备条件的集体经济组织开展试点工作。坚持民主公开原则,通过法定程序确定改革方案、章程,科学设置股权,依法界定股东资格,确保改革稳妥推进。加强股份合作社的组织机构建设,建立健全股东大会或股东代表大会、董事会、监事会等机构,强化内部控制机制,完善经营管理制度,确立激励和约束相结合的运行机制。

(三) 创新集体资产、资源经营方式

鼓励和支持集体经济组织利用资金、资产和资源,以入股、合作、租赁、专业承包等形式,领办农民专业合作社,与承包大户、技术能人、企业、技术服务机构等进行联合和合作,实现多元化、多层次、多形式经营,促进农民合作经济组织发展,壮大集体经济实力,增强集体经济组织服务功能。集体资产实行承包、租赁、出让经营的,要加强合同履行的监督检查,公开合同履行情况。集体经济组织统一经营的资产,要明确经营管理责任人的责任和经营目标,确定决策机制、管理机制和收益分配机制,并向全体成员公开。

四、深入推进农村合同监管项目竞标工作

根据中共济南市委、市政府印发《关于深入推进农村合同监管项目竞标工作的指导意见》的通知要求,按照创新农村基层社会治理的目标要求,坚持法治原则、村民自治原则和因地制宜、注重实效原则,把村集体各类经济合同和村集体经济建设、基础设施建设等项目纳入党委、政府领导和管理服务的重要内容,纳入村民自治、协商民主的重要内容,依法规

范合同内容及合同履行，依法保障项目运作的公开公平，从源头上预防各类矛盾及腐败问题的发生，并以此为突破口，进一步健全村民自我服务与政府公共服务、社会公益服务有效衔接的农村基层综合服务管理平台，把村级各项事务纳入法治化、规范化轨道，努力构建新型乡村治理体制机制。

（一）合同监管

1. 依法规范合同内容及标准。以合同形式确立的农村集体经济行为，要根据法律法规和有关规定要求，规范合同内容及标准，依法制定制式标准的承包合同、流转合同、建设施工合同、采购合同、委托合同、资产资源经营及处置合同等农村集体经济类合同范本，做到文本形式规范，内容明确合法，确保农村集体经济类合同规范化、标准化。

2. 依法监督管理合同履行。对农村集体经济类合同提供法律咨询和服务，帮助起草、见证合同签订过程，并跟踪指导监督合同履行，避免因合同签订、履行不规范引发各类矛盾纠纷。及时调处合同纠纷，调处不成的引导当事人通过诉讼、仲裁等法律途径解决。

（二）项目竞标

1. 合理确定项目竞标范围。对未纳入《招投标法》等法律法规规定的范围和规模标准的农村集体经济建设、基础设施建设等项目，要依据有关法律法规的基本精神和原则，纳入竞标范围，实行项目竞标。主要包括：集体土地经营权流转；集体林权转让、转包；集体固定资产、资源经营及处置；新农村建设；基础设施及公益设施建设、维护、修缮；服务性中介机构的选定；村集体采购等以及其他应当进行竞标的项目。

2. 保障项目竞标和实施公开规范。要结合实际，依法制定项目竞标程序、规范项目实施，从项目立项、项目预算、民主表决审查、公告竞标、签订合同、开工建设、竣工验收等各个环节做到全程公开，接受监督，坚决杜绝"暗箱操作"、权钱交易、不依法办事等情况的发生，落实群众知情权、参与权、决策权和监督权，保障项目竞标和实施公开规范。

（三）职责分工

1. 乡镇（办）。乡镇（办）是开展合同监管项目竞标工作的责任主体。要引导农村通过村民大会或村民代表会议对合同监管项目竞标予以委托授权，并纳入村规民约。乡镇（办）要加强组织协调，对农村合同监管项目竞标工作提供全方位的法律服务。未建立公共资源交易中心、农村产权交易所等管理服务平台的，要依托司法所或相关职能部门建立乡镇（街道）合同监管项目竞标服务中心，具体组织做好合同监管项目竞标的管理服务工作。已建立公共资源交易中心、农村产权交易所的乡镇（办），可将合同监管项目竞标工作纳入其中，一并实施管理和服务。为审查完善的合同统一建立台账，统一归档备案。

2. 村级组织。村级组织是推进合同监管项目竞标工作的实施主体。村党组织要充分发挥领导核心作用，对涉及群众切身利益和全村发展的重大事项落实"四议两公开"工作法，切实维护、保障好村民的民主权利和合法利益。凡以村委会或村集体经济组织名义签订的各类合同及村级工程项目建设、农村集体"三资"处置等重大事项，要根据村民大会或村民代表会议的决定，按要求自觉纳入合同监管项目竞标之中。村民大会或村民代表会议以及设立村务监督委员会的村，要选出代表全程监督合同签订及合同履行、项目竞标及实施过程，发现问题及时纠正，遇有重要情况，应及时向乡镇（办）和有关部门反映报告。

3. 社会组织。充分发挥社会组织特别是基层法律服务组织的作用，引导他们积极参与农村合同监管项目竞标工作，从事前、事中、事后全程提供法律咨询、审查、见证等服务保障。要尊重村级组织对社会组织选择的自主权，支持村组织自主选择律师事务所、法律服务所等社会组织。社会组织的服务费用，可采取市场方式或通过政府购买服务的方式予以解决。

五、进一步加强农村集体经济审计监督工作

农村集体经济审计，是加强农村集体"三资"管理的重要手段。各级农业行政主管部门应按照《山东省农村集体经济审计条例》的要求，切实履行监管职责，加强对农村集体资金、资产、资源的审计监督。

（一）强化对农村集体"三资"管理的审计

要把资金、资产、资源的管理与经营作为农村集体经济审计的重点内容，对集体经济组织财务预算和决算、资金的使用和收益分配进行定期审

计，对农民群众反映强烈的集体资金、资产、资源问题进行重点审计，对集体资产和资源经营与处置、基础工程设施建设等进行专项审计。

(二) 建立审计责任追究制度

对审计查出侵占、挪用、私分及挥霍浪费集体资金和资产等问题的，要依法或按有关规定严肃处理，构成违纪的，移交纪检监察部门处理；构成犯罪的，依法移送司法机关追究刑事责任。

(三) 加强农村集体经济审计队伍建设

加强农村集体经济审计人员的教育培训，实行审计人员持证上岗，提高审计队伍素质。建立健全审计工作制度，规范审计程序，提高审计质量。加大对农村集体经济审计工作的投入，落实审计工作经费，确保审计工作顺利开展。

六、切实加强对农村集体"三资"管理工作的组织领导

农村集体"三资"管理工作涉及面广、政策性强、工作量大，各级、各有关部门应统一思想，提高认识，勇于担当，从农村改革、发展和稳定的大局出发，把加强农村集体"三资"管理作为农村工作的一项重要任务和农村基层党风廉政建设的一项重要内容，列入议事日程。各级农业、财政管理部门应制订具体实施方案，因地制宜，分类指导，帮助村集体经济组织建立健全资金、资产、资源各项管理制度。要加强监督检查，加大惩处力度，对制度不健全、管理不规范的，限期进行整改。应加强队伍建设，落实培训经费，加大对农村集体财务会计管理人员、村财务监督委员会成员、乡镇（办）村级会计委托代理服务人员培训力度，努力培养和造就一支高素质的农村集体"三资"管理队伍。各级农业、财政管理部门应进一步转变工作作风，提高工作效率，增强责任意识和服务意识，主动争取监察、审计等有关部门的支持和配合，共同做好全市农村集体"三资"管理工作，维护好农民的合法权益，确保农村社会稳定。

第三部分
农民专业合作社会计

第十一章

农民专业合作社概述

第一节 农民专业合作社、农民专业合作社联合社

农民专业合作社（以下简称"合作社"），是指在农村家庭承包经营基础上，农产品的生产经营者或者农业生产经营服务的提供者、利用者，自愿联合、民主管理的互助性经济组织。

合作社以其成员为主要服务对象，开展以下一种或者多种业务：

1. 农业生产资料的购买、使用；
2. 农产品的生产、销售、加工、运输、贮藏及其他相关服务；
3. 农村民间工艺及制品、休闲农业和乡村旅游资源的开发经营等；
4. 与农业生产经营有关的技术、信息、设施建设运营等服务。

一、合作社应当遵循的原则

1. 成员以农民为主体；
2. 以服务成员为宗旨，谋求全体成员的共同利益；
3. 入社自愿、退社自由；
4. 成员地位平等，实行民主管理；
5. 盈余主要按照成员与农民专业合作社的交易量（额）比例返还。

二、合作社应依法登记，取得法人资格

1. 合作社对由成员出资、公积金、国家财政直接补助、他人捐赠以及合法取得的其他资产所形成的财产，享有占有、使用和处分的权利，并以上述财产对债务承担责任。

2. 合作社成员以其账户内记载的出资额和公积金份额为限对农民专业合作社承担责任。

3. 国家保障合作社享有与其他市场主体平等的法律地位，保护农民专业合作社及其成员的合法权益，任何单位和个人不得侵犯。

4. 合作社从事生产经营活动，应当遵守法律，遵守社会公德、商业道德，诚实守信，不得从事与章程规定无关的活动。

5. 合作社为扩大生产经营和服务的规模，发展产业化经营，提高市场竞争力，可以依法自愿设立或者加入农民专业合作社联合社。

三、国家扶持

1. 国家支持发展农业和农村经济的建设项目，可以委托和安排有条件的农民专业合作社实施。

2. 中央和地方财政应当分别安排资金，支持农民专业合作社开展信息、培训、农产品标准与认证、农业生产基础设施建设、市场营销和技术推广等服务。国家对革命老区、民族地区、边疆地区和贫困地区的农民专业合作社给予优先扶助。

3. 国家政策性金融机构应当采取多种形式，为农民专业合作社提供多渠道的资金支持。具体支持政策由国务院规定。国家鼓励商业性金融机构采取多种形式，为农民专业合作社及其成员提供金融服务。国家鼓励保险机构为农民专业合作社提供多种形式的农业保险服务。鼓励农民专业合作社依法开展互助保险。

4. 农民专业合作社享受国家规定的对农业生产、加工、流通、服务和其他涉农经济活动相应的税收优惠。

5. 合作社从事农产品初加工用电执行农业生产用电价格，农民专业合作社生产性配套辅助设施用地按农用地管理，具体办法由国务院有关部门规定。

四、设立合作社应当具备的条件

1. 有 5 名以上法定成员；
2. 有符合本法规定的章程；
3. 有符合法定的组织机构；
4. 有符合法律、行政法规规定的名称和章程确定的住所；
5. 有符合章程规定的成员出资。

五、设立合作社出资

1. 合作社成员可以用货币出资，也可以用实物、知识产权、土地经营权、林权等可以用货币估价并可以依法转让的非货币财产，以及章程规定的其他方式作价出资；但是，法律、行政法规规定不得作为出资的财产除外。
2. 合作社成员不得以对该社或者其他成员的债权，充抵出资；不得以缴纳的出资，抵销对该社或者其他成员的债务。

六、设立大会

设立农民专业合作社，应当召开由全体设立人参加的设立大会。设立时自愿成为该社成员的人为设立人，设立大会行使下列职权：

1. 通过本社章程，章程应当由全体设立人一致通过；
2. 选举产生理事长、理事、执行监事或者监事会成员；
3. 审议其他重大事项。

七、合作社章程应当载明下列事项

1. 名称和住所；
2. 业务范围；
3. 成员资格及入社、退社和除名；
4. 成员的权利和义务；

5. 组织机构及其产生办法、职权、任期、议事规则；

6. 成员的出资方式、出资额，成员出资的转让、继承、担保；

7. 财务管理和盈余分配、亏损处理；

8. 章程修改程序；

9. 解散事由和清算办法；

10. 公告事项及发布方式；

11. 附加表决权的设立、行使方式和行使范围；

12. 需要载明的其他事项。

八、设立合作社，应当向工商行政管理部门提交下列文件，申请设立登记

1. 登记申请书；

2. 全体设立人签名、盖章的设立大会纪要；

3. 全体设立人签名、盖章的章程；

4. 法定代表人、理事的任职文件及身份证明；

5. 出资成员签名、盖章的出资清单；

6. 住所使用证明；

7. 法律、行政法规规定的其他文件。

合作社应当按照国家有关规定，向登记机关报送年度报告，并向社会公示，可以依法向公司等企业投资，以其出资额为限对所投资企业承担责任。

九、合作社联合社是指3个以上的农民专业合作社在自愿的基础上，可以出资设立农民专业合作社联合社

1. 合作社联合社应当有自己的名称、组织机构和住所，由联合社全体成员制定并承认的章程，以及符合章程规定的成员出资。农民专业合作社联合社依法登记，取得法人资格，领取营业执照，登记类型为农民专业合作社联合社。

2. 合作社联合社以其全部财产对该社的债务承担责任；农民专业合作社联合社的成员以其出资额为限对农民专业合作社联合社承担责任。

3. 合作社联合社应当设立由全体成员参加的成员大会，其职权包括修改农民专业合作社联合社章程，选举和罢免农民专业合作社联合社理事长、理事和监事，决定农民专业合作社联合社的经营方案及盈余分配，决定对外投资和担保方案等重大事项。

合作社联合社不设成员代表大会，可以根据需要设立理事会、监事会或者执行监事。理事长、理事应当由成员社选派的人员担任。

4. 合作社联合社的成员大会选举和表决，实行一社一票。

5. 合作社联合社可分配盈余的分配办法，按照法定的原则由农民专业合作社联合社章程规定。农民专业合作社联合社成员退社，应当在会计年度终了的六个月前以书面形式向理事会提出。退社成员的成员资格自会计年度终了时终止。

第二节 合作社成员、组织机构

具有民事行为能力的公民，以及从事与合作社业务直接有关的生产经营活动的企业、事业单位或者社会组织，能够利用农民专业合作社提供的服务，承认并遵守合作社章程，履行章程规定的入社手续的，可以成为合作社的成员。但是，具有管理公共事务职能的单位不得加入合作社。

合作社应当置备成员名册，并报登记机关。合作社的成员中，农民至少应当占成员总数的80%。成员总数20人以下的，可以有一个企业、事业单位或者社会组织成员；成员总数超过20人的，企业、事业单位和社会组织成员不得超过成员总数的5%。

1. 合作社成员享有的权利。

（1）参加成员大会，并享有表决权、选举权和被选举权，按照章程规定对本社实行民主管理的权利。

（2）利用本社提供的服务和生产经营设施的权利。

（3）按照章程规定或者成员大会决议分享盈余的权利。

（4）查阅本社的章程、成员名册、成员大会或者成员代表大会记录、理事会会议决议、监事会会议决议、财务会计报告、会计账簿和财务审计报告的权利。

2. 章程规定的其他权利。

（1）合作社成员大会选举和表决，实行一人一票制，成员各享有一票的基本表决权。

（2）出资额或者与本社交易量（额）较大的成员按照章程规定，可以享有附加表决权。本社的附加表决权总票数，不得超过本社成员基本表决权总票数的20%。享有附加表决权的成员及其享有的附加表决权数，应当在每次成员大会召开时告知出席会议的全体成员。

3. 合作社成员承担的义务。

（1）执行成员大会、成员代表大会和理事会的决议。

（2）按照章程规定向本社出资。

（3）按照章程规定与本社进行交易。

（4）按照章程规定承担亏损。

（5）章程规定的其他义务。

4. 符合规定的公民、企业、事业单位或者社会组织，要求加入已成立的农民专业合作社，应当向理事长或者理事会提出书面申请，经成员大会或者成员代表大会表决通过后，成为本社成员。

（1）合作社成员要求退社的，应当在会计年度终了的三个月前向理事长或者理事会提出书面申请；其中，企业、事业单位或者社会组织成员退社，应当在会计年度终了的六个月前提出；章程另有规定的，从其规定。退社成员的成员资格自会计年度终了时终止。

（2）合作社成员不遵守合作社的章程、成员大会或者成员代表大会的决议，或者严重危害其他成员及农民专业合作社利益的，可以予以除名。成员的除名，应当经成员大会或者成员代表大会表决通过。

（3）成员在其资格终止前与农民专业合作社已订立的合同，应当继续履行；章程另有规定或者与本社另有约定的除外。成员资格终止的，农民专业合作社应当按照章程规定的方式和期限，退还记载在该成员账户内的出资额和公积金份额；对成员资格终止前的可分配盈余，依照规定向其返还，资格终止的成员应当按照章程规定分摊资格终止前本社的亏损及债务。

5. 合作社成员大会由全体成员组成，是本社的权力机构，合作社职权。

（1）修改章程。

（2）选举和罢免理事长、理事、执行监事或者监事会成员。

（3）决定重大财产处置、对外投资、对外担保和生产经营活动中的其他重大事项。

（4）批准年度业务报告、盈余分配方案、亏损处理方案。

（5）对合并、分立、解散、清算，以及设立、加入联合社等做出决议。

（6）决定聘用经营管理人员和专业技术人员的数量、资格和任期。

（7）听取理事长或者理事会关于成员变动情况的报告，对成员的入社、除名等做出决议。

（8）公积金的提取及使用。

（9）章程规定的其他职权。

6. 合作社召开成员大会，出席人数应当达到成员总数 2/3 以上。

成员大会选举或者做出决议，应当由本社成员表决权总数过半数通过；做出修改章程或者合并、分立、解散，以及设立、加入联合社的决议应当由本社成员表决权总数的 2/3 以上通过。章程对表决权数有较高规定的，从其规定。

7. 合作社成员大会每年至少召开一次，会议的召集由章程规定。有下列情形之一的，应当在 20 日内召开临时成员大会：

（一）30% 以上的成员提议；

（二）执行监事或者监事会提议；

（三）章程规定的其他情形。

8. 合作社成员超过 150 人的，可以按照章程规定设立成员代表大会。成员代表大会按照章程规定可以行使成员大会的部分或者全部职权。

（1）依法设立成员代表大会的，成员代表人数一般为成员总人数的 10%，最低人数为 51 人。

（2）合作社设理事长一名，可以设理事会。理事长为本社的法定代表人。

（3）合作社可以设执行监事或者监事会。理事长、理事、经理和财务会计人员不得兼任监事。

理事长、理事、执行监事或者监事会成员，由成员大会从本社成员中选举产生，依照本法和章程的规定行使职权，对成员大会负责。

理事会会议、监事会会议的表决，实行一人一票。

9. 合作社的成员大会、成员代表大会、理事会、监事会，应当将所议事项的决定做成会议记录，出席会议的成员、成员代表、理事、监事应当在会议记录上签名。

10. 合作社的理事长或者理事会可以按照成员大会的决定聘任经理和财务会计人员，理事长或者理事可以兼任经理。经理按照章程规定或者理事会的决定，可以聘任其他人员。经理按照章程规定和理事长或者理事会授权，负责具体生产经营活动。

11. 合作社的理事长、理事和管理人员不得有下列行为：

（1）侵占、挪用或者私分本社资产；

（2）违反章程规定或者未经成员大会同意，将本社资金借贷给他人或者以本社资产为他人提供担保；

（3）接受他人与本社交易的佣金归为己有；

（4）从事损害本社经济利益的其他活动。

12. 理事长、理事和管理人员违反规定所得的收入，应当归本社所有；给本社造成损失的，应当承担赔偿责任。农民专业合作社的理事长、理事、经理不得兼任业务性质相同的其他农民专业合作社的理事长、理事、监事、经理。

13. 执行与合作社业务有关公务的人员，不得担任农民专业合作社的理事长、理事、监事、经理或者财务会计人员。

第三节　财务管理、合并、分立、解散和清算

合作社应当按照财政部门制定的《农民专业合作社会计制度》进行财务管理和会计核算。

1. 合作社的理事长或者理事会应当按照章程规定，组织编制年度业务报告、盈余分配方案、亏损处理方案以及财务会计报告，于成员大会召开的15日前，置备于办公地点，供成员查阅。

（1）合作社与其成员的交易、与利用其提供服务的非成员的交易，应当分别核算。

（2）合作社可以按照章程规定或者成员大会决议从当年盈余中提取公

积金。公积金用于弥补亏损、扩大生产经营或者转为成员出资。

（3）每年提取的公积金按照章程规定量化为每个成员的份额。

2. 合作社应当为每个成员设立成员账户，主要记载的内容：

（1）该成员的出资额；

（2）量化为该成员的公积金份额；

（3）该成员与本社的交易量（额）。

3. 弥补亏损、提取公积金后的当年盈余，为农民专业合作社的可分配盈余。可分配盈余主要按照成员与本社的交易量（额）比例返还。

可分配盈余按成员与本社的交易量（额）比例返还，返还总额不得低于可分配盈余的60%；返还后的剩余部分，以成员账户中记载的出资额和公积金份额，以及本社接受国家财政直接补助和他人捐赠形成的财产平均量化到成员的份额，按比例分配给本社成员。

经成员大会或者成员代表大会表决同意，可以将全部或者部分可分配盈余转为对农民专业合作社的出资，并记载在成员账户中，具体分配办法按照章程规定或者经成员大会决议确定。

4. 设立执行监事或者监事会的农民专业合作社，由执行监事或者监事会负责对本社的财务进行内部审计，审计结果应当向成员大会报告，成员大会也可以委托社会中介机构对本社的财务进行审计。

5. 合作社合并，应当自合并决议做出之日起10日内通知债权人。合并各方的债权、债务应当由合并后存续或者新设的组织承继。

合作社分立，其财产做相应的分割，并应当自分立决议做出之日起10日内通知债权人。分立前的债务由分立后的组织承担连带责任。但是，在分立前与债权人就债务清偿达成的书面协议另有约定的除外，农民专业合作社因下列原因解散：

（1）章程规定的解散事由出现；

（2）成员大会决议解散；

（3）因合并或者分立需要解散；

（4）依法被吊销营业执照或者被撤销。

因（1）条、（2）条、（4）条原因解散的，应当在解散事由出现之日起15日内由成员大会推举成员组成清算组，开始解散清算。逾期不能组成清算组的，成员、债权人可以向人民法院申请指定成员组成清算组进行清算，人民法院应当受理该申请，并及时指定成员组成清算组进行清算。

6. 清算组自成立之日起接管农民专业合作社，负责处理与清算有关未了结业务，清理财产和债权、债务，分配清偿债务后的剩余财产，代表农民专业合作社参与诉讼、仲裁或者其他法律程序，并在清算结束时办理注销登记。

7. 清算组应当自成立之日起 10 日内通知合作社成员和债权人，并于 60 日内在报纸上公告。债权人应当自接到通知之日起 30 日内，未接到通知的自公告之日起 45 日内，向清算组申报债权。如果在规定期间内全部成员、债权人均已收到通知，免除清算组的公告义务。

债权人申报债权，应当说明债权的有关事项，并提供证明材料。清算组应当对债权进行审查、登记。在申报债权期间，清算组不得对债权人进行清偿。

8. 合作社因章程规定的解散事由出现的原因解散，或者人民法院受理破产申请时，不能办理成员退社手续。

9. 清算组负责制定包括清偿合作社员工的工资及社会保险费用，清偿所欠税款和其他各项债务，以及分配剩余财产在内的清算方案，经成员大会通过或者申请人民法院确认后实施。清算组发现农民专业合作社的财产不足以清偿债务的，应当依法向人民法院申请破产。

10. 合作社接受国家财政直接补助形成的财产，在解散、破产清算时，不得作为可分配剩余资产分配给成员，具体按照国务院财政部门有关规定执行。

11. 清算组成员应当忠于职守，依法履行清算义务，因故意或者重大过失给农民专业合作社成员及债权人造成损失的，应当承担赔偿责任。合作社破产适用《中华人民共和国企业破产法》的有关规定。但是，破产财产在清偿破产费用和共益债务后，应当优先清偿破产前与农民成员已发生交易但尚未结清的款项。

第四节 会计凭证、会计账簿和会计档案

一、会计凭证

会计凭证是记载经济业务发生、明确经济责任的书面文件，是记账的

依据。合作社每发生一项经济业务，都要取得原始凭证，并据以编制记账凭证。各种原始凭证必须具备：凭证名称、填制日期、填制凭证单位名称或者填制人姓名、经办人员的签名或者盖章、接受凭证单位名称、经济业务内容、数量单价金额。记账凭证必须具备：填制日期、凭证编号、经济业务摘要、会计科目、金额、所附原始凭证张数等，并须由填制和审核人员签名盖章。

所有会计凭证都要按规定手续和时间送会计人员审核处理。填制有误和不符合要求的会计凭证，应要求修正和重填。无效、不合法和不符合财务制度规定的凭证，不能作为收付款项、办理财务手续和记账的依据。会计人员应根据审核无误的原始凭证，填制记账凭证，并据以登记账簿。记账凭证可以根据每一原始凭证单独填制，也可以根据原始凭证汇总表填制。一定时期终了，应将已经登记过账簿的原始凭证和记账凭证，分类装订成册，妥善保管。

二、会计账簿

会计账簿是记录经济业务的簿籍，是编制会计报表的依据。合作社应设置现金日记账和银行存款日记账、总分类账和各种必要的明细分类账。

现金日记账和银行存款日记账，应由出纳人员根据收、付款凭证，按有关经济业务完成时间的先后顺序进行登记，一律采用订本账。总分类账按照总账科目设置，对全部经济业务进行总括分类登记；明细分类账按明细科目设置，对有关经济业务进行明细分类登记。总分类账可用订本账或活页账；明细分类账可用活页账或卡片账。

对于不能在日记账和分类账中记录的，而又需要查考的经济事项，合作社必须另设备查账簿进行账外登记。

1. 合作社所使用的各种会计凭证和会计账簿的内容和格式，应符合《会计法》《会计基础工作规范》（财会字〔1996〕19号）和《会计档案管理办法》（财会字〔1998〕32号）等规定。

2. 账簿登记要做到数字正确、摘要清楚、登记及时。各种账簿的记录，应定期核对，做到账证相符、账实相符、账款相符、账账相符和账表相符。

3. 启用新账，必须填写账簿启用表，并编制目录。旧账结清后，要及时整理，装订成册，归档保管。

三、会计档案

合作社的会计档案包括经济合同或协议，各项财务计划及盈余分配方案，各种会计凭证、会计账簿和会计报表、会计人员交接清单、会计档案销毁清单等。

1. 合作社要按照《会计档案管理办法》（财政部、国家档案局令第79号）的规定，加强对会计档案的管理。建立会计档案室（柜），实行统一管理，专人负责，做到完整无缺、存放有序、方便查找。

2. 会计档案保管期限表（见表11-1）。

表11-1　　　　　　　　会计档案保管期限表

会计档案名称	保管期限	备注
一、会计凭证类 　1. 原始凭证、记账凭证和汇总凭证 　　其中：涉及外事和其他重要的会计凭证 　2. 银行存款余额调节表	30年 永久 10年	
二、会计账簿类 　1. 日记账 　　其中：现金和银行存款日记账 　2. 明细账 　3. 总账 　4. 固定资产卡片 　5. 辅助账簿	30年 30年 30年 30年 30年	 包括日记总账 固定资产报废清理后保存5年
三、会计报表类 　年度会计报表	永久	包括文字分析

第十二章

农民专业合作社会计概述

农民专业合作社（以下简称"合作社"）会计是以货币为计量单位，借助一系列专门的方法，连续、系统、完整、综合地对合作社的资金活动进行核算和监督的一种经济管理活动。

合作社应根据《农民专业合作社财务会计制度（试行）》的规定和会计业务需要，设置会计账簿，配备必要的会计人员。不具备条件的，也可以本着民主、自愿的原则，委托农村经营管理机构或代理记账机构代理记账、核算。

一、合作社应按制度规定，设置和使用会计科目，登记会计账簿，编制会计报表

1. 会计核算以人民币"元"为金额单位，"元"以下填至"分"。

2. 合作社的会计核算采用权责发生制。会计记账方法采用借贷记账法。

3. 合作社会计核算应当划分会计期间，分期结算账目。一个会计年度自公历1月1日起至12月31日止。

4. 合作社会计信息应定期、及时向本合作社成员公开，接受成员的监督。对于成员提出的问题，会计及管理人员应及时解答，确实存在错误的要立即纠正。

5. 财政部门依照《会计法》规定职责，对合作社的会计工作进行管理和监督。农村经营管理部门依照《农民专业合作社法》和有关法规政策等，对合作社会计工作进行指导和监督。

6. 本制度自2008年1月1日起施行。

二、合作社会计科目的设置

农民专业合作社会计总账科目和明细科目表（见表 12-1）

表 12-1　　农民专业合作社会计总账科目和明细科目表

顺序号	科目编号	科目名称
		一、资产类
1	101	库存现金
		人民币
		外币
2	102	银行存款
		人民币
		××银行
		外币
		××银行
3	113	应收款
		单位
		××单位
		个人
		××人
4	114	成员往来
		××成员
5	121	产品物资
		××产品物资
6	124	委托加工物资
		××合同或××单位
7	125	委托代销商品
		××商品或××单位
8	127	受托代购商品
		××单位或××人
9	128	受托代销商品
		××单位或××人

续表

顺序号	科目编号	科目名称
10	131	对外投资
		股票投资
		××股票
		债券投资
		××债券
		其他投资
		××单位
11	141	牲畜（禽）资产
		幼畜及育肥畜
		××畜
		产役畜
		××畜
12	142	林木资产
		经济林木
		××林木
		非经济林木
		××林木
13	151	固定资产
		房屋建筑
		××房屋建筑
		机器设备
		××机器设备
		工具器具
		××工具器具
		办公设备
		××设备
		运输设备
		××设备
		农业基本建设设施
		××设施

续表

顺序号	科目编号	科目名称
14	152	累计折旧
		房屋建筑
		××房屋建筑
		机器设备
		××机器设备
		工具器具
		××工具器具
		办公设备
		××设备
		运输设备
		××设备
		农业基本建设设施
		××设施
15	153	在建工程
		××工程
		材料费
		人工费
		管理费
16	154	固定资产清理
		××固定资产
17	161	无形资产
		××无形资产
		二、负债类
18	201	短期借款
		××单位或××人
19	211	应付款
		单位
		××单位
		个人
		××人

续表

顺序号	科目编号	科目名称
20	212	应付工资
		工资
		奖金
		津贴
		补助
21	221	应付盈余返还
		××人
22	222	应付剩余盈余
		××人
23	231	长期借款
		××单位或××人
24	235	专项应付款
		××财政补助资金项目
		三、所有者权益类
25	301	股金
		××成员
26	311	专项基金
		××财政补助资金
		××捐赠资金
27	321	资本公积
		股金溢价
		投资溢价
		转增股金
28	322	盈余公积
		提取额
		转增股金
		弥补亏损
29	331	本年盈余
30	332	盈余分配
		各项分配
		未分配盈余
		四、成本类

续表

顺序号	科目编号	科目名称
31	401	生产成本
		生产费用成本
		××产品
		直接材料
		直接人工
		制造费用
		劳务服务成本
		××项目
		材料费
		人工费
		管理费
		五、损益类
32	501	经营收入
		销售产品收入
		××产品收入
		劳务服务收入
		××劳务服务收入
		代购代销收入
		××代购代销收入
33	502	其他收入
		××收入
34	511	投资收益
		股票投资收益
		债券投资收益
		其他投资收益
35	521	经营支出
		销售产品支出
		××产品支出
		劳务服务支出
		××劳务服务支出
		代购代销支出
		××代购代销支出

续表

顺序号	科目编号	科目名称
36	522	管理费用
		管理人员的工资
		办公费
		差旅费
		管理用固定资产折旧费
		业务招待费
		无形资产摊销费
37	529	其他支出
		农业资产死亡毁损支出
		农业资产死亡损失
		固定资产及产品物资的盘亏
		固定资产及产品物资的损失
		罚款支出
		利息支出
		无法收回的应收款
		其他

附注：合作社在经营中涉及使用外埠存款、银行汇票存款、银行本票存款、信用卡存款、信用证保证金存款等各种其他货币资金的，可增设"其他货币资金"科目（科目编号109）；合作社在经营中大量使用包装物，需要单独对其进行核算的，可增设"包装物"科目（科目编号122）；合作社生产经营过程中，有牲畜（禽）资产、林木资产以外的其他农业资产，需要单独对其进行核算的，可增设"其他农业资产"科目（科目编号149），参照"牲畜（禽）资产""林木资产"科目进行核算；合作社需要分年摊销相关长期费用的，可增设"长期待摊费用"科目（科目编号171）。

第十三章

合作社资产的核算

合作社的资产分为流动资产、农业资产、对外投资、固定资产和无形资产等。合作社的流动资产包括现金、银行存款、应收款项、存货等。

每年年度终了，合作社应当对应收款项、存货、对外投资、农业资产、固定资产、在建工程、无形资产等资产进行全面检查，对于已发生损失但尚未批准核销的各项资产，应在资产负债表补充资料中予以披露。这些资产包括：

1. 确实无法收回的应收款项；
2. 盘亏、毁损和报废的存货；
3. 无法收回的对外投资；
4. 死亡毁损的农业资产；
5. 盘亏、毁损和报废的固定资产；
6. 毁损和报废的在建工程；
7. 注销和无效的无形资产。

合作社应当定期或不定期对与资产有关的内部控制制度进行监督检查，对发现的薄弱环节，应当及时采取措施，加以纠正和完善。

第一节 合作社流动资产的核算

合作社的流动资产包括现金、银行存款、应收款项、存货等。

一、库存现金的核算

1. 合作社必须根据有关法律法规，结合实际情况，建立健全货币资金内部控制制度。

（1）合作社应当建立货币资金业务的岗位责任制，明确相关岗位的职责权限。明确审批人和经办人对货币资金业务的权限、程序、责任和相关控制措施。

（2）合作社收取现金时手续要完备，使用统一规定的收款凭证。合作社取得的所有现金均应及时入账，不准以白条抵库，不准挪用，不准公款私存。

（3）合作社要及时、准确地核算现金收入、支出和结存，做到账款相符。要组织专人定期或不定期清点核对现金。

（4）合作社要定期与银行、信用社或其他金融机构核对账目。支票和财务印鉴不得由同一人保管。

2. 库存现金科目核算合作社的库存现金。

（1）合作社应严格按照国家有关现金管理的规定收支现金，超过库存现金限额的部分应当及时交存银行，并严格按照本制度规定核算现金的各项收支业务。

①收到现金时：

借：库存现金——人民币

　　贷：有关科目

②支出现金时：

借：有关科目

　　贷：库存现金——人民币

（2）库存现金科目期末借方余额，反映合作社实际持有的库存现金。

二、银行存款的核算

银行存款科目核算合作社存入银行、信用社或其他金融机构的款项。

1. 合作社应当严格按照国家有关支付结算办法，办理银行存款收支业务的结算，并按照制度规定核算银行存款的各项收支业务。

（1）合作社将款项存入银行、信用社或其他金融机构时：

借：银行存款——人民币（××银行）

  贷：有关科目

（2）提取和支出存款时：

借：有关科目

  贷：银行存款——人民币（××银行）

2. 银行存款科目应按银行、信用社或其他金融机构的名称设置明细科目，进行明细核算。

3. 银行存款科目期末借方余额，反映合作社实际存在银行、信用社或其他金融机构的款项。

三、应收款的核算

合作社的应收款项包括本社成员和非本社成员的各项应收及暂付款项。合作社对拖欠的应收款项要采取切实可行的措施积极催收。

1. 合作社应当建立健全销售业务内部控制制度，明确审批人和经办人的权限、程序、责任和相关控制措施。

（1）合作社应当按照规定的程序办理销售和发货业务。应当在销售与发货各环节设置相关的记录、填制相应的凭证，并加强有关单据和凭证的相互核对工作。

（2）合作社应当按照有关规定及时办理销售收款业务，应将销售收入及时入账，不得账外设账。

（3）合作社应当加强销售合同、发货凭证、销售发票等文件和凭证的管理。

2. 应收款科目核算合作社与非成员之间发生的各种应收以及暂付款项，包括因销售产品物资、提供劳务应收取的款项以及应收的各种赔款、罚款、利息等。

（1）合作社发生各种应收及暂付款项时：

借：应收款——单位（××单位）

    ——个人（××人）

  贷：经营收入——销售产品收入（××产品收入）

      ——劳务服务收入（××劳务服务收入）

　　　　　——代购代销收入（××代购代销收入）
　　　　库存现金——人民币
　　　　银行存款——人民币（××银行）
（2）收回款项时：
借：库存现金——人民币
　　银行存款——人民币（××银行）
　　　贷：应收款——单位（××单位）
　　　　　　　——个人（××人）
（3）取得用暂付款购得的产品物资、劳务时：
借：产品物资——××产品物资
　　　贷：应收款——单位（××单位）
　　　　　　　——个人（××人）
（4）对确实无法收回的应收及暂付款项，按规定程序批准核销时：
借：其他支出——无法收回的应收款
　　　贷：应收款——单位（××单位）
　　　　　　　——个人（××人）

3. 应收款科目应按应收及暂付款项的单位和个人设置明细科目，进行明细核算。

4. 应收款科目期末借方余额，反映合作社尚未收回的应收及暂付款项。

[例13-1] 高青县波涛奶牛养殖专业合作社销售给B公司鲜牛奶10吨，每吨售价3 200元、成本2 300元，货款尚未收到。会计分录为：

借：应收款——单位（B公司）　　　　　　　32 000
　　　贷：经营收入——销售产品收入（鲜牛奶收入）　32 000

同时结转成本：

借：经营支出——销售产品支出（鲜牛奶支出）　23 000
　　　贷：产品物资——鲜奶物资　　　　　　　　23 000

四、成员往来的核算

成员往来科目核算合作社与其成员的经济往来业务。

1. 合作社与其成员发生应收款项和偿还应付款项时：

借：成员往来——××成员
　　贷：库存现金——人民币
　　　　银行存款——人民币（××银行）

收回应收款项和发生应付款项时：

借：库存现金——人民币
　　银行存款——人民币（××银行）
　　贷：成员往来——××成员

2. 合作社为其成员提供农业生产资料购买服务，按实际支付或应付的款项：

借：成员往来——××成员
　　贷：库存现金——人民币
　　　　银行存款——人民币（××银行）
　　　　应付款——单位（××单位）
　　　　　　　——个人（××人）

按为其成员提供农业生产资料购买而应收取的服务费：

借：成员往来——××成员
　　贷：经营收入——代购代销收入（××代购代销收入）

收到成员给付的农业生产资料购买款项和服务费时：

借：库存现金——人民币
　　银行存款——人民币（××银行）
　　贷：成员往来——××成员

3. 合作社为其成员提供农产品销售服务，收到成员交来的产品时，按合同或协议约定的价格：

借：受托代销商品——××商品或××单位
　　贷：成员往来——××成员

4. 成员往来科目应按合作社成员设置明细科目，进行明细核算。

5. 成员往来科目下属各明细科目的期末借方余额合计数反映成员欠合作社的款项总额；期末贷方余额合计数反映合作社欠成员的款项总额。各明细科目年末借方余额合计数应在资产负债表"应收款"项反映；年末贷方余额合计数应在资产负债表"应付款"项反映。

[例13-2] 高青县波涛奶牛养殖专业合作社成员张涛，因购买玉米借款2 000元，以现金支付。

借：成员往来——张涛　　　　　　　　　　　　　2 000
　　贷：库存现金——人民币　　　　　　　　　　　　2 000

五、产品物资的核算

合作社应当建立健全采购业务内部控制制度，明确审批人和经办人的权限、程序、责任和相关控制措施。

1. 合作社应当按照规定的程序办理采购与付款业务。应当在采购与付款各环节设置相关的记录、填制相应的凭证，并加强有关单据和凭证的相互核对工作。在办理付款业务时，应当对采购发票、结算凭证、验收证明等相关凭证进行严格审核。

2. 合作社应当加强对采购合同、验收证明、入库凭证、采购发票等文件和凭证的管理。

3. 合作社的存货包括种子、化肥、燃料、农药、原材料、机械零配件、低值易耗品、在产品、农产品、工业产成品、受托代销商品、受托代购商品、委托代销商品和委托加工物资等。

（1）存货按照下列原则计价：购入的物资按照买价加运输费、装卸费等费用、运输途中的合理损耗等计价；受托代购商品视同购入的物资计价；生产入库的农产品和工业产成品，按生产过程中发生的实际支出计价；委托加工物资验收入库时，按照委托加工物资的成本加上实际支付的全部费用计价；受托代销商品按合同或协议约定的价格计价，出售受托代销商品时，实际收到的价款大于合同或协议约定价格的差额计入经营收入，实际收到的价款小于合同或协议约定价格的差额计入经营支出；委托代销商品按委托代销商品的实际成本计价。领用或出售的出库存货成本的确定，可在"先进先出法""加权平均法""个别计价法"等方法中任选一种，但是一经选定，不得随意变动。

（2）合作社对存货要定期盘点核对，做到账实相符，年末必须进行一次全面的盘点清查。盘亏、毁损和报废的存货，按规定程序批准后，按实际成本扣除应由责任人或者保险公司赔偿的金额和残料价值后的余额，计入其他支出。

4. 合作社应当建立健全存货内部控制制度，建立保管人员岗位责任制。存货入库时，保管员清点验收入库，填写入库单；出库时，由保管员填写出库单，主管负责人批准，领用人签名盖章，保管员根据批准后的出库单出库。

5. 产品物资科目核算合作社库存的各种产品和物资。

（1）合作社购入并已验收入库的产品物资，按实际支付或应支付的价款：

借：产品物资——××产品物资
　　贷：库存现金——人民币
　　　　银行存款——人民币（××银行）
　　　　成员往来——××成员
　　　　应付款——单位（××单位）
　　　　　　　——个人（××人）

（2）合作社生产完工以及委托外单位加工完成并已验收入库的产品物资，按实际成本：

借：产品物资——××产品物资
　　贷：生产成本——生产费用成本——××产品（直接材料）
　　　　委托加工物资——××合同或××单位

（3）产品物资销售时，按实现的销售收入

借：库存现金——人民币
　　银行存款——人民币（××银行）
　　应收款——单位（××单位）
　　　　　——个人（××人）
　　贷：经营收入——销售产品收入（××产品收入）

（4）按销售产品物资的实际成本：

借：经营支出——销售产品支出（××产品支出）
　　贷：产品物资——××产品物资

（5）产品物资领用时：

借：生产成本——生产费用成本——××产品（直接材料）
　　在建工程——××工程（材料费）
　　管理费用——办公费
　　贷：产品物资——××产品物资

（6）合作社的产品物资应当定期清查盘点。盘亏和毁损产品物资，经审核批准后，按照责任人和保险公司赔偿的金额：

借：成员往来——××成员【责任人赔偿的金额】
　　应收款——单位（××单位）【保险公司赔偿的金额】
　　　　　——个人（××人）【保险公司赔偿的金额】
　　其他支出——固定资产及产品物资的盘亏【责任人或保险公司赔
　　　　偿金额后的净损失】
　　贷：产品物资——××产品物资【盘亏和毁损产品物资的账面余额】

6. "产品物资"科目应按产品物资品名设置明细科目，进行明细核算。

7. "产品物资"科目期末借方余额，反映合作社库存产品物资的实际成本。

[例 13-3] 高青县波涛奶牛养殖专业合作社成员张涛（原借款 2 000 元），购入并已验收入库玉米 1 000 公斤，每公斤 2 元。

借：产品物资——玉米　　　　　　　　　　　　2 000
　　贷：成员往来——张涛　　　　　　　　　　　　2 000

六、委托加工物资的核算

委托加工物资科目核算合作社委托外单位加工的各种物资的实际成本。

1. 发给外单位加工的物资，按委托加工物资的实际成本：

借：委托加工物资——××合同或××单位
　　贷：产品物资——××产品物资

2. 按合作社支付该项委托加工的全部费用（加工费、运杂费等）：

借：委托加工物资——××合同或××单位
　　贷：库存现金——人民币
　　　　银行存款——人民币（××银行）

3. 加工完成验收入库的物资，按加工收回物资的实际成本和剩余物资的实际成本：

借：产品物资——××产品物资
　　贷：委托加工物资——××合同或××单位

4. 委托加工物资科目应按加工合同和受托加工单位等设置明细账，进行明细核算。

5. 委托加工物资科目期末借方余额，反映合作社委托外单位加工但尚未加工完成物资的实际成本。

[例13-4] 高青县波涛奶牛养殖专业合作社委托 B 单位加工玉米,发出玉米 10 000 斤,每公斤成本 2 元计 20 000 元,玉米每公斤加工费用 0.04 元,共计 400 元、运输费用 200 元,均以 A 银行存款支付。

(1) 发出委托加工玉米:

借:委托加工物资——B 单位　　　　　　　　20 000
　　贷:产品物资——玉米　　　　　　　　　　　　20 000

(2) 支付加工费用:

借:委托加工物资——B 单位　　　　　　　　400
　　贷:银行存款——人民币(A 银行)　　　　　　400

(3) 支付运杂费:

借:委托加工物资——B 单位　　　　　　　　200
　　贷:银行存款——人民币(A 银行)　　　　　　200

(4) 收回委托加工玉米:

借:产品物资——玉米面　　　　　　　　　　20 600
　　贷:委托加工物资——B 单位　　　　　　　　20 600

七、委托代销商品

委托代销商品科目核算合作社委托外单位销售的各种商品的实际成本。

1. 发给外单位销售的商品时,按委托代销商品的实际成本:

借:委托代销商品——××商品或××单位
　　贷:产品物资——××产品物资

2. 收到代销单位报来的代销清单时:

借:应收款——单位(××单位)【应收金额】
　　　　　——个人(××人)【应收金额】
　　经营支出——代购代销支出(××代购代销支出)【应支付的手续费】
　　贷:经营收入【应确认的收入】
　　　　应收款——单位(××单位)【应支付的手续费】
　　　　　　　——个人(××人)【应支付的手续费】

同时,按照代销商品的实际成本(或售价):

借：经营支出——代购代销支出（××代购代销支出）
　　贷：委托代销商品——××商品或××单位
收到代销款时：
借：银行存款——人民币（××银行）
　　贷：应收款——单位（××单位）
　　　　　　——个人（××人）

3. 委托代销商品科目应按代销商品或委托单位等设置明细账，进行明细核算。

4. 委托代销商品科目期末借方余额，反映合作社委托外单位销售但尚未收到代销商品款的商品的实际成本。

八、受托代购商品的核算

受托代购商品科目核算合作社接受委托代为采购商品的实际成本。

1. 合作社收到受托代购商品款时：
借：库存现金——人民币
　　银行存款——人民币（××银行）
　　贷：成员往来——××成员

2. 合作社受托采购商品时，按采购商品的价款：
借：受托代购商品——××单位或××人
　　贷：库存现金——人民币
　　　　银行存款——人民币（××银行）
　　　　应付款——单位（××单位）
　　　　　　　——个人（××人）

3. 合作社将受托代购商品交付给委托方时，按代购商品的实际成本：
借：成员往来——××成员
　　应付款——单位（××单位）
　　　　　——个人（××人）
　　贷：受托代购商品——××单位或××人
如果受托代购商品收取手续费，按应收取的手续费：
借：成员往来——××成员
　　贷：经营收入——代购代销收入（××代购代销收入）

收到手续费时：

借：库存现金——人民币

　　银行存款——人民币（××银行）

　　　贷：成员往来——××成员

4. 受托代购商品科目应按受托方设置明细账，进行明细核算。

5. 受托代购商品科目期末借方余额，反映合作社受托采购尚未交付商品的实际成本。

九、受托代销商品的核算

受托代销商品科目核算合作社接受委托代销商品的实际成本。

1. 合作社收到委托代销商品时，按合同或协议约定的价格：

借：受托代销商品——××单位或××人

　　　贷：成员往来——××成员

2. 合作社售出受托代销商品时：

借：库存现金——人民币【实际收到的价款】

　　银行存款——人民币（××银行）【实际收到的价款】

　　经营支出——代购代销支出（××代购代销支出）【实际收到的价款小于合同或协议约定的价格差额】

　　　贷：受托代销商品——××单位或××人【合同或协议约定的价格】

　　　　　经营收入——代购代销收入（××代购代销收入）【实际收到的价款大于合同或协议约定的价格差额】

3. 合作社给付委托方代销商品款时：

借：成员往来——××成员

　　　贷：库存现金——人民币

　　　　　银行存款——人民币（××银行）

4. 受托代销商品科目应按委托代销方设置明细账，进行明细核算。

5. 受托代销商品科目期末借方余额，反映合作社尚未售出的受托代销商品的实际成本。

第二节 合作社对外投资的核算

合作社根据国家法律、法规规定，可以采用货币资金、实物资产或者购买股票、债券等有价证券方式向其他单位投资。

1. 合作社的对外投资按照下列原则计价：

（1）以现金、银行存款等货币资金方式向其他单位投资的，按照实际支付的款项计价。

（2）以实物资产（含牲畜和林木）方式向其他单位投资的，按照评估确认或者合同、协议确定的价值计价。

2. 合作社以实物资产方式对外投资，其评估确认或合同、协议确定的价值必须真实、合理，不得高估或低估资产价值。实物资产重估确认价值与其账面净值之间的差额，计入资本公积。

3. 合作社对外投资分得的现金股利或利润、利息等计入投资收益。出售、转让和收回对外投资时，按实际收到的价款与其账面余额的差额，计入投资收益。

4. 合作社应当建立健全对外投资业务内部控制制度，明确审批人和经办人的权限、程序、责任和相关控制措施。

5. 合作社的对外投资业务（包括对外投资决策、评估及其收回、转让与核销），应当由理事会提交成员大会决策，严禁任何个人擅自决定对外投资或者改变成员大会的决策意见。

6. 合作社应当建立对外投资责任追究制度，对在对外投资中出现重大决策失误、未履行集体审批程序和不按规定执行对外投资业务的人员，应当追究相应的责任。

7. 合作社应当对对外投资业务各环节设置相应的记录或凭证，加强对审批文件、投资合同或协议、投资方案书、对外投资有关权益证书、对外投资处置决议等文件资料的管理，明确各种文件资料的取得、归档、保管、调阅等各个环节的管理规定及相关人员的职责权限。

合作社应当加强对投资收益的控制，对外投资获取的利息、股利以及其他收益，均应纳入会计核算，严禁设置账外账。

8. 合作社要建立有价证券管理制度，加强对各种有价证券的管理。要建立有价证券登记簿，详细记载各有价证券的名称、券别、购买日期、号码、数量和金额。有价证券要由专人管理。

9. 对外投资科目核算合作社持有的各种对外投资，包括股票投资、债券投资和合作社兴办企业等投资。

（1）合作社以现金或实物资产（含牲畜和林木）等方式进行对外投资时，按照实际支付的价款或合同、协议确定的价值：

借：对外投资——其他投资（××单位）

　　资本公积——投资溢价【合同或协议约定的实物资产价值与原账面余额之间的差额】

贷：库存现金——人民币

　　银行存款——人民币（××银行）

　　资本公积——投资溢价【合同或协议约定的实物资产价值与原账面余额之间的差额】

（2）收回投资时：

借：库存现金——人民币【实际收回的价款】

　　银行存款——人民币（××银行）【实际收回的价款】

　　投资收益【实际收回的价款或价值与账面余额的差额】

贷：对外投资——股票投资（××单位）【投资的账面余额】

　　　　　　——债券投资（××单位）【投资的账面余额】

　　　　　　——其他投资（××单位）【投资的账面余额】

　　投资收益——股票投资收益【实际收回的价款或价值与账面余额的差额】

　　　　　　——债券投资收益【实际收回的价款或价值与账面余额的差额】

　　　　　　——其他投资收益【实际收回的价款或价值与账面余额的差额】

（3）被投资单位宣告分配现金股利或利润时：

借：应收款——单位（××单位）

　　　　　——个人（××人）

贷：投资收益——股票投资收益

实际收到现金股利或利润时：

借：库存现金——人民币
　　银行存款——人民币（××银行）
　贷：应收款——单位（××单位）
　　　　　　——个人（××人）

获得股票股利时，不做账务处理，但应在备查簿中登记所增加的股份。

（4）投资发生损失时，按规定程序批准后：

借：应收款——单位（××保险公司）【应由保险公司赔偿的金额】
　　成员往来——××成员【应由责任人赔偿的金额】
　　投资收益【扣除由责任人和保险公司赔偿的金额后的净损失】
　贷：对外投资——其他投资（××单位）【发生损失对外投资的账面余额】

10. 对外投资科目应按对外投资的种类设置明细科目，进行明细核算。对外投资科目期末借方余额，反映合作社对外投资的实际成本。

第三节　合作社的农业资产的核算

合作社的农业资产包括牲畜（禽）资产和林木资产等。

一、农业资产计价原则

1. 购入的农业资产按照购买价及相关税费等计价。

2. 幼畜及育肥畜的饲养费用、经济林木投产前的培植费用、非经济林木郁闭前的培植费用按实际成本计入相关资产成本。

3. 产役畜、经济林木投产后，应将其成本扣除预计残值后的部分在其正常生产周期内按直线法分期摊销，预计净残值率按照产役畜、经济林木成本的5%确定，已提足折耗但未处理仍继续使用的产役畜、经济林木不再摊销；农业资产死亡毁损时，按规定程序批准后，按实际成本扣除应由责任人或者保险公司赔偿的金额后的差额，计入其他收支。

4. 合作社其他农业资产，可比照牲畜（禽）资产和林木资产的计价原则处理。

二、牲畜（禽）资产的核算

"牲畜（禽）资产"科目核算合作社购入或培育的牲畜（禽）的成本，牲畜（禽）资产分幼畜及育肥畜和产役畜两类。"牲畜（禽）资产"科目应设置"幼畜及育肥畜"和"产役畜"两个二级科目，按牲畜（禽）的种类设置三级明细科目，进行明细核算。

幼畜及育肥畜指未成龄的猪、羊、鸡等小畜禽；产畜指供繁殖、剪毛、产奶及产蛋用的牲畜和家禽，如骡、马、牛、驴、骆驼、猪、羊、鸡、鸭等。役畜指供劳役用的牲畜，如马、牛、驴、骡、骆驼等。

1. 合作社购入幼畜及育肥畜时，按购买价及相关税费：

借：牲畜（禽）资产——幼畜及育肥畜（××畜）
　　贷：库存现金——人民币
　　　　银行存款——人民币（××银行）
　　　　应付款——单位（××单位）
　　　　　　　——个人（××人）

发生的饲养费用：

借：牲畜（禽）资产——幼畜及育肥畜（××畜）
　　贷：应付工资——工资
　　　　　　　——奖金
　　　　　　　——津贴
　　　　　　　——补助
　　　　产品物资——××产品物资

2. 幼畜成龄转作产役畜时，按实际成本：

借：牲畜（禽）资产——产役畜（××畜）
　　贷：牲畜（禽）资产——幼畜及育肥畜（××畜）

3. 产役畜的饲养费用不再记入"牲畜（禽）资产——产役畜"科目：

借：经营支出——销售产品支出（××产品支出）
　　贷：应付工资——工资
　　　　　　　——奖金
　　　　　　　——津贴

　　　　——补助
　　　产品物资——××产品物资

4. 产役畜的成本扣除预计残值后的部分应在其正常生产周期内，按照直线法分期摊销：

　　借：经营支出——销售产品支出（××产品支出）
　　　　贷：牲畜（禽）资产——产役畜（××畜）

5. 幼畜及育肥畜和产役畜对外销售时，按照实现的销售收入：

　　借：库存现金——人民币
　　　　银行存款——人民币（××银行）
　　　　应收款——单位（××单位）
　　　　　　——个人（××人）
　　　　贷：经营收入——销售产品收入（××产品收入）

同时，按照销售牲畜的实际成本：

　　借：经营支出——销售产品支出（××产品支出）
　　　　贷：牲畜（禽）资产——产役畜（××畜）
　　　　　　牲畜（禽）资产——幼畜及育肥畜（××畜）

6. 以幼畜及育肥畜和产役畜对外投资时：

　　借：对外投资——其他投资（××单位）【合同、协议确定的价值】
　　　　资本公积——投资溢价【合同或协议确定的价值与牲畜资产账面余额之间的差额】
　　　　贷：牲畜（禽）资产——产役畜（××畜）【账面余额】
　　　　　　牲畜（禽）资产——幼畜及育肥畜（××畜）【账面余额】
　　　　　　资本公积——投资溢价【合同或协议确定的价值与牲畜资产账面余额之间的差额】

7. 牲畜死亡毁损时，按规定程序批准后，按照过失人及保险公司应赔偿的金额。

　　借：成员往来——××成员
　　　　应收款——单位（××单位）【扣除过失人和保险公司应赔偿金额后的净损失】
　　　　　　——个人（××人）其他支出【扣除过失人和保险公司应赔偿金额后的净损失】
　　　　贷：牲畜（禽）资产——产役畜（××畜）【账面余额】

牲畜（禽）资产——幼畜及育肥畜（××畜）【账面余额】

其他收入【过失人及保险公司应赔偿金额超过牲畜资产账面余额的金额】

8. 牲畜（禽）资产科目期末借方余额，反映合作社幼畜及育肥畜和产役畜的账面余额。

[例 13-5]

（1）购入的牲畜（禽）资产。

高青县波涛奶牛养殖专业合作社 2020 年 1 月赊购麦琪公司幼牛 5 头，每头幼牛 600 元。

借：牲畜（禽）资产——幼畜及育肥畜（奶牛）　　3 000
　　贷：应付款——麦琪公司　　　　　　　　　　　　　3 000

（2）投资者投入的牲畜（禽）资产。

[例 13-6] 波涛奶牛养殖专业合作社 2020 年 2 月接受成员张波投入的奶牛 10 头，双方协议确定，每头牛定价为 6 000 元，预计仍可产奶 8 年。

借：牲畜（禽）资产——产役畜（奶牛）　　60 000
　　贷：股金——张波　　　　　　　　　　　　　60 000

（3）接受捐赠的牲畜（禽）资产。

[例 13-7] 波涛奶牛养殖专业合作社 2020 年 3 月收到麦琪公司捐赠已经产奶的奶牛 1 头，所附发票列明价格为 10 000 元，预计仍可产奶 5 年。

借：牲畜（禽）资产——产役畜（奶牛）　　10 000
　　贷：专项基金——麦琪公司捐赠资金　　　　　10 000

（4）自产的牲畜（禽）资产。

[例 13-8] 波涛奶牛养殖专业合作社饲养奶牛 2020 年 4 月产仔 10 头。其整个生产期间饲养工资 20 000 元，玉米饲料费用 6 000 元。新生产小奶牛防疫等费用 500 元，以现金支付。

借：牲畜（禽）资产——幼畜及育肥畜（奶牛）　　26 000
　　贷：应付工资——工资　　　　　　　　　　　　20 000
　　　　产品物资——玉米面　　　　　　　　　　　　6 000
　　　　库存现金——人民币　　　　　　　　　　　　　500

（5）幼畜及育肥畜的饲养费用。

[**例 13-9**] 波涛奶牛养殖专业合作社 2020 年 5 月饲养幼牛费用如下：应付养牛人员张波工资 4 000 元，喂牛用玉米面 3 600 元。

借：牲畜（禽）资产——幼畜及育肥畜（奶牛） 7 600
　　贷：应付工资——工资 4 000
　　　　产品物资——玉米面 3 600

（6）产役畜的饲养费用。

[**例 13-10**] 波涛奶牛养殖专业合作社 2020 年 6 月发生奶牛饲养人员张波工资 4 000 元，玉米面 5 000 元，其他费用 1 000 元，其他费用以现金支付。

借：经营支出——销售产品支出（鲜牛奶） 10 000
　　贷：应付工资——工资 4 000
　　　　产品物资——玉米面 5 000
　　　　库存现金——人民币 1 000

（7）牲畜（禽）资产转换。

[**例 13-11**] 2020 年 6 月 30 日，波涛奶牛养殖专业合作社 10 头幼牛已成龄，转为产畜，预计可使用 10 年，幼牛买价 6 000 元，饲养费用 6 000 元。

①幼牛的成本 = 6 000 + 6 000 = 12 000（元）：

借：牲畜（禽）资产——产役畜（奶牛） 12 000
　　贷：牲畜（禽）资产——幼畜及育肥畜（奶牛） 12 000

②幼畜转为产役畜后发生的饲养费用，不再资本化，计入当期费用。

（8）产役畜成本摊销的核算。

产役畜的成本扣除预计残值后的部分，应在其正常生产周期内按直线法摊销，预计净残值率按照产役畜成本的 5% 确定。

[**例 13-12**] 波涛奶牛养殖专业合作社 2020 年 6 月，开始摊销成龄奶牛的成本，此时奶牛成本 12 000 元，预计可使用 8 年。

1. 奶牛成本的月摊销额计算：

每年应摊销的金额 = 12 000 × (1 - 5%) ÷ 8 = 1 425（元）

每月应摊销的金额 = 1 425 ÷ 12 = 118.75（元）

2. 当月应摊销奶牛成本：

借：经营支出——销售产品支出（鲜牛奶） 118.75
　　贷：牲畜（禽）资——产役畜（奶牛） 118.75

(9) 牲畜（禽）资产出售的核算。

[例 13-13] 2020 年 7 月波涛生猪养殖专业合作社将育成的 50 头仔猪出售给财茂肉品厂，每头售价 500 元，货款暂欠，该批仔猪购买成本 10 000 元，饲养费用 12 000 元。

借：应收款——财茂肉品厂　　　　　　　　　　25 000
　　贷：经营收入——销售产品收入（仔猪）　　　25 000

同时结转成本：

育肥畜（猪）的成本 = 10 000 + 12 000 = 22 000（元）

借：经营支出——销售产品支出（仔猪）　　　　22 000
　　贷：牲畜（禽）资产——幼畜及育肥畜（猪）　22 000

(10) 牲畜（禽）资产长期投资的核算。

[例 13-14] 2020 年 7 月 1 日，波涛奶牛养殖专业合作社用 15 头牛向财源公司投资，双方已协商同意并签订了合同。该批役牛是 2020 年 6 月 1 日由幼畜转役畜，成本 100 000 元，预计可使用 8 年。

首先计算投资时 15 头役牛的账面价值：

年摊销成本 = 100 000 × (1 - 5%) ÷ 8 = 11 875（元）

月摊销成本 = 11 875 ÷ 12 = 989.58（元）

役牛账面价值 = 100 000 - 989.58 = 99 010.42（元）【6 600.69 元/头】

①若双方协议按每头役牛 7 000 元，则：

借：对外投资——其他投资（财源公司）　　　　105 000
　　贷：牲畜（禽）资产——产役畜（牛）　　　　99 010.42
　　　　资本公积——投资溢价　　　　　　　　　5 989.58

②若双方协议按每头牛 6 500 元，则：

借：对外投资——其他投资（财源公司）　　　　97 500
　　　资本公积——投资溢价　　　　　　　　　　1 510.42
　　贷：牲畜（禽）资产——产役畜（牛）　　　　99 010.42

③若双方协议役牛的价格为账面价值，则：

借：对外投资——其他投资（财源公司）　　　　99 010.42
　　贷：牲畜（禽）资产——产役畜（牛）　　　　99 010.42

(11) 牲畜（禽）资产死亡毁损的核算。

[例 13-15] 波涛生猪养殖专业合作社因饲养人员张平（系成员）疏忽，致使一头母猪死亡，母猪账面价值为 1 500 元，按规定县人保公司赔

偿 700 元，经批准，由饲养人员赔偿 400 元，其他列支出，收到的人保公司赔偿款存入 A 银行。会计分录：

①核销时：

借：应收款——单位（县人保公司）   700
　　成员往来——张平   400
　　其他支出——农业资产死亡损失   400
　　贷：牲畜资产——产役畜（猪）   1 500

②收到县人保公司赔付款项时：

借：银行存款——人民币（A 银行）   700
　　贷：应收款——单位（县人保公司）   700

三、林木资产的核算

"林木资产"科目核算合作社购入或营造的林木成本。林木资产分经济林木和非经济林木两类。林木资产是指村集体经济组织购入或营造的林木，包括经济林木非经济林木。经济林木是指能够重复地生产出相应的产品，其成本是通过不断地生产出的产品出售而获得补偿的林木，如橡胶、果树、油桐、油茶、核桃、桑、茶等。非经济林木是指不能重复地生产出相应的产品，只能通过砍伐后售出才能获得其成本补偿的林木。

"林木资产"科目应设置"经济林木"和"非经济林木"两个二级科目，按林木的种类设置三级科目，进行明细核算。

1. 合作社购入经济林木时，按购买价及相关税费：

借：林木资产——经济林木（××林木）
　　贷：库存现金——人民币
　　　　银行存款——人民币（××银行）
　　　　应付款——单位（××单位）
　　　　　　——个人（××人）

购入或营造的经济林木投产前发生的培植费用：

借：林木资产——经济林木（××林木）
　　贷：应付工资——工资
　　　　　　——奖金
　　　　　　——津贴

——补助

　　产品物资——××产品物资

2. 经济林木投产后发生的管护费用，不再记入"林木资产——经济林木"科目。

　　借：经营支出——销售产品支出（××产品支出）

　　　贷：应付工资——工资

　　　　　　　　——奖金

　　　　　　　　——津贴

　　　　　　　　——补助

　　　　产品物资——××产品物资

3. 经济林木投产后，其成本扣除预计残值后的部分应在其正常生产周期内，按照直线法摊销。

　　借：经营支出——销售产品支出（××产品支出）

　　　贷：林木资产——经济林木（××林木）

4. 合作社购入非经济林木时，按购买价及相关税费：

　　借：林木资产——非经济林木（××林木）

　　　贷：库存现金——人民币

　　　　银行存款——人民币（××银行）

　　　　应付款——单位（××单位）

　　　　　　　——个人（××人）

购入或营造的非经济林木在郁闭前发生的培植费用：

　　借：林木资产——非经济林木（××林木）

　　　贷：应付工资——工资

　　　　　　　　——奖金

　　　　　　　　——津贴

　　　　　　　　——补助

　　　　产品物资——××产品物资

5. 非经济林木郁闭后发生的管护费用，不再记入"林木资产——非经济林木"科目。

　　借：其他支出——林木管护费

　　　贷：应付工资——工资

　　　　　　　　——奖金

　　　　　——津贴

　　　　　——补助

　　产品物资——××产品物资

6. 按规定程序批准后，林木采伐出售时，按照实现的销售收入：

借：库存现金——人民币

　　银行存款——人民币（××银行）

　　应收款——单位（××单位）

　　　　　——个人（××人）

　贷：经营收入——销售产品收入（××产品收入）

同时，按照出售林木的实际成本：

借：经营支出——销售产品支出（××产品支出）

　　贷：林木资产——非经济林木（××林木）

7. 以林木对外投资时，按照合同、协议确定的价值：

借：对外投资——其他投资（××单位）

　　资本公积——投资溢价【合同或协议确定的价值与林木资产账面余额之间的差额】

　　贷：林木资产——经济林木（××林木）

　　　　林木资产——非经济林木（××林木）

　　　　资本公积——投资溢价【合同或协议确定的价值与林木资产账面余额之间的差额】

8. 林木死亡毁损时，按规定程序批准后：

借：成员往来——××成员【过失人应赔偿的金额】

　　应收款——单位（××保险公司）【保险公司应赔偿的金额】

　　其他支出——农业资产死亡毁损【扣除过失人和保险公司应赔偿金额后的净损失】

　贷：林木资产——经济林木（××林木）【账面余额】

　　　　　　——非经济林木（××林木）【账面余额】

　　　其他收入——××人或××保险公司赔偿【过失人及保险公司应赔偿金额超过林木资产账面余额的金额】

9. 林木资产科目期末借方余额，反映合作社购入或营造林木的账面余额。

第四节 合作社固定资产和累计折旧的核算

一、固定资产的核算

合作社的房屋、建筑物、机器、设备、工具、器具和农业基本建设设施等，凡使用年限在1年以上，单位价值在500元以上的列为固定资产。有些主要生产工具和设备，单位价值虽低于规定标准，但使用年限在1年以上的，也可列为固定资产。合作社以经营租赁方式租入和以融资租赁方式租出的固定资产，不应列作合作社的固定资产。合作社应当根据具体情况分别确定固定资产的入账价值：

第一，购入的固定资产，不需要安装的，按实际支付的买价加采购费、包装费、运杂费、保险费和交纳的有关税金等计价；需要安装或改装的，还应加上安装费或改装费。

第二，新建的房屋及建筑物、农业基本建设设施等固定资产，按竣工验收的决算价计价。

第三，接受捐赠的全新固定资产，应按发票所列金额加上实际发生的运输费、保险费、安装调试费和应支付的相关税金等计价；无所附凭据的，按同类设备的市价加上应支付的相关税费计价。接受捐赠的旧固定资产，按照经过批准的评估价值或双方确认的价值计价。

第四，在原有固定资产基础上进行改造、扩建的，按原有固定资产的价值，加上改造、扩建工程而增加的支出，减去改造、扩建工程中发生的变价收入计价。

第五，投资者投入的固定资产，按照投资各方确认的价值计价。

1. 固定资产账务处理。

（1）购入不需要安装的固定资产，按原价加采购费、包装费、运杂费、保险费和相关税金等：

借：固定资产——房屋建筑（房屋建筑）
　　　　　　——机器设备（××机器设备）

　　　　　——工具器具（××工具器具）
　　　　　——农业基本建设设施（××设施）
　　　贷：银行存款——人民币（××银行）

购入需要安装的固定资产，先记入"在建工程"科目，待安装完毕交付使用时，按照其实际成本：

　　借：固定资产——机器设备（××机器设备）
　　　贷：在建工程——××工程（材料费）
　　　　　——××工程（人工费）
　　　　　——××工程（管理费）

（2）自行建造完成交付使用的固定资产，按建造该固定资产的实际成本：

　　借：固定资产——房屋建筑（房屋建筑）
　　　　　　——农业基本建设设施（××设施）
　　　贷：在建工程——××工程（材料费）
　　　　　——××工程（人工费）
　　　　　——××工程（管理费）

（3）投资者投入的固定资产：

　　借：固定资产——房屋建筑（房屋建筑）【投资各方确认的价值】
　　　　　　——机器设备（××机器设备）【投资各方确认的价值】
　　　　　　——工具器具（××工具器具）【投资各方确认的价值】
　　　　　　——农业基本建设设施（××设施）【投资各方确认的价值】
　　　　资本公积——股金溢价【差额】
　　　贷：股金【经过批准的投资者所应拥有以合作社注册资本份额计算的资本金额】
　　　　　资本公积——股金溢价【差额】

（4）收到捐赠的全新固定资产：

　　借：固定资产——机器设备（××机器设备）【发票所列金额加上应支付的相关税费】
　　　贷：专项基金——××捐赠资金

如果捐赠方未提供有关凭据，则按其市价或同类、类似固定资产的市场价格估计的金额，加上由合作社负担的运输费、保险费、安装调试费等作为固定资产成本：

  借：固定资产——机器设备（××机器设备）

    贷：专项基金——××捐赠资金

收到捐赠的旧固定资产，按照经过批准的评估价值或双方确认的价值：

  借：固定资产——机器设备（××机器设备）

    贷：专项基金——××捐赠资金

（5）固定资产出售、报废和毁损等时：

  借：固定资产清理【固定资产账面净值】

    应收款——单位（××保险公司）【保险公司赔偿】

    成员往来——××成员【责任人赔偿】

    累计折旧——机器设备（××机器设备）【已提折旧】

    贷：固定资产——机器设备（××机器设备）【固定资产原价】

（6）对外投资投出固定资产时：

  借：对外投资——其他投资（××单位）【投资各方确认的价值或者
           合同、协议约定的价值】

    累计折旧——房屋建筑（房屋建筑）【已提折旧】

      ——机器设备（××机器设备）【已提折旧】

      ——工具器具（××工具器具）【已提折旧】

      ——农业基本建设设施（××设施）【已提折旧】

    资本公积——投资溢价【差额】

    贷：固定资产——机器设备（××机器设备）【固定资产原价】

      资本公积——投资溢价【差额】

（7）捐赠转出固定资产时，按固定资产净值，转入"固定资产清理"科目，应支付的相关税费，也通过"固定资产清理"科目进行归集，捐赠项目完成后，按"固定资产清理"科目的余额：

  借：其他支出——捐赠支出

    贷：固定资产清理——××固定资产

2. 合作社应当设置"固定资产登记簿"和"固定资产卡片"，按固定资产类别、使用部门和每项固定资产进行明细核算。本科目期末借方余额，反映合作社期末固定资产的账面原价。

3. 固定资产的修理费用直接计入有关支出项目。固定资产变卖和清理报废的变价净收入与其账面净值的差额计入其他收支。固定资产变价净收入是指变卖和清理报废固定资产所取得的价款减清理费用后的净额。固定资产净值是指固定资产原值减累计折旧后的净额。

4. 合作社应当建立健全固定资产内部控制制度，建立人员岗位责任制。应当定期对固定资产盘点清查，做到账实相符，年度终了前必须进行一次全面的盘点清查。盘亏及毁损的固定资产，应查明原因，按规定程序批准后，按其原价扣除累计折旧、变价收入、过失人及保险公司赔款之后，计入其他支出。

二、累计折旧的核算

合作社必须建立固定资产折旧制度，按年或按季、按月提取固定资产折旧。固定资产的折旧方法可在"平均年限法""工作量法"等方法中任选一种，但是一经选定，不得随意变动。合作社应当对所有的固定资产计提折旧，但是，已提足折旧仍继续使用的固定资产除外。

合作社当月或当季度增加的固定资产，当月或当季度不提折旧，从下月或下季度起计提折旧；当月或当季度减少的固定资产，当月或当季度照提折旧，从下月或下季度起不提折旧。固定资产提足折旧后，不管能否继续使用，均不再提取折旧；提前报废的固定资产，也不再补提折旧。

1. 累计折旧科目核算合作社拥有的固定资产计提的累计折旧。
（1）生产经营用的固定资产计提的折旧：
借：生产成本——生产费用成本——××产品（制造费用）
　　贷：累计折旧——房屋建筑（房屋建筑）
　　　　　　——机器设备（××机器设备）
　　　　　　——工具器具（××工具器具）
（2）管理用的固定资产计提的折旧：
借：管理费用——管理用固定资产折旧费
　　贷：累计折旧——房屋建筑（房屋建筑）
（3）用于公益性用途的固定资产计提的折旧：
借：其他支出——公益性用固定资产折旧费
　　贷：累计折旧——机器设备（××机器设备）
2. 累计折旧科目只进行总分类核算，不进行明细分类核算。本科目的期末贷方余额，反映合作社提取的固定资产折旧累计数。

第五节　合作社在建工程和固定资产清理的核算

一、在建工程的核算

合作社的在建工程指尚未完工或虽已完工但尚未办理竣工决算的工程项目。在建工程按实际消耗的支出或支付的工程价款计价。形成固定资产的在建工程完工交付使用后，计入固定资产。

在建工程部分发生报废或者毁损，按规定程序批准后，按照扣除残料价值和过失人及保险公司赔款后的净损失，计入工程成本。单项工程报废以及由于自然灾害等非常原因造成的报废或者毁损，其净损失计入其他支出。

在建工程科目核算合作社进行工程建设、设备安装、农业基本建设设施建造等发生的实际支出。购入不需要安装的固定资产，不通过本科目核算。

1. 购入需要安装的固定资产，按其原价加上运输、保险、采购、安装等费用：

借：在建工程——××工程（材料费）
　　　　　　——××工程（人工费）
　　　　　　——××工程（管理费）
　贷：库存现金——人民币
　　　银行存款——人民币（××银行）
　　　应付款——单位（××单位）
　　　　　　——个人（××人）

2. 建造固定资产和兴建农业基本建设设施购买专用物资以及发生工程费用，按实际支出：

借：在建工程——××工程（材料费）
　　　　　　——××工程（人工费）

　　　　——××工程（管理费）

　　贷：库存现金——人民币

　　　　银行存款——人民币（××银行）

　　　　产品物资——××产品物资

发包工程建设，根据合同规定向承包企业预付工程款，按实际预付的价款：

　　借：在建工程——××工程（材料费）

　　　　贷：银行存款——人民币（××银行）

以拨付材料抵作工程款的，应按材料的实际成本：

　　借：在建工程——××工程（材料费）

　　　　贷：产品物资——××产品物资

将需要安装的设备交付承包企业进行安装时，应按该设备的成本：

　　借：在建工程——××工程（材料费）

　　　　贷：产品物资——××产品物资

与承包企业办理工程价款结算，补付的工程款：

　　借：在建工程——××工程（材料费）

　　　　贷：银行存款——人民币（××银行）

　　　　　　应付款——单位（××单位）

　　　　　　　　——个人（××人）

自营的工程，领用物资或产品时，应按领用物资或产品的实际成本：

　　借：在建工程——××工程（材料费）

　　　　贷：产品物资——××产品物资

工程应负担的员工工资等人员费用：

　　借：在建工程——××工程（人工费）

　　　　贷：应付工资——工资

　　　　　　　　——奖金

　　　　　　　　——津贴

　　　　　　　　——补助

　　　　　　成员往来——××成员

3. 购建和安装工程完成并交付使用时：

　　借：固定资产——机器设备（××机器设备）

　　　　贷：在建工程——××工程（材料费）

——××工程（人工费）

——××工程（管理费）

4. 工程完成未形成固定资产时：

借：其他支出——其他

贷：在建工程——××工程（材料费）

——××工程（人工费）

——××工程（管理费）

5. "在建工程"科目应按工程项目设置明细科目，进行明细核算。本科目期末借方余额，反映合作社尚未交付使用的工程项目的实际支出。

二、固定资产清理的核算

"固定资产清理"科目核算合作社因出售、捐赠、报废和毁损等原因转入清理的固定资产净值及其在清理过程中所发生的清理费用和清理收入。

1. 出售、捐赠、报废和毁损的固定资产转入清理时：

借：固定资产清理——××固定资产【固定资产账面净值】

累计折旧——机器设备（××机器设备）【已提折旧】

贷：固定资产——机器设备（××机器设备）【原值】

清理过程中发生的费用：

借：固定资产清理——××固定资产

贷：库存现金——人民币

银行存款——人民币（××银行）

收回出售固定资产的价款、残料价值和变价收入等：

借：银行存款——人民币（××银行）

产品物资——××产品物资

贷：固定资产清理——××固定资产

应当由保险公司或过失人赔偿的损失：

借：应收款——单位（××单位）

——个人（××个人）

成员往来——××成员

贷：固定资产清理——××固定资产

2. 清理完毕后发生的净收益：

借：固定资产清理——××固定资产
　　贷：其他收入——××固定资产清理净收益

清理完毕后发生的净损失：

借：其他支出——××固定资产清理净损失
　　贷：固定资产清理——××固定资产

3. "固定资产清理"科目应按被清理的固定资产设置明细科目，进行明细核算。本科目期末余额，反映合作社转入清理但尚未清理完毕的固定资产净值，以及固定资产清理过程中所发生的清理费用和变价收入等各项金额的差额。

第六节　固定资产核算举例

一、购入的固定资产

[例13－16] 波涛奶牛养殖专业合作社购入需要安装的A设备一台，以A银行存款支付价款60 000元（含税），以现金支付运输费用1 000元、安装费用4 000元。

1. 支付设备价款、运输费用、安装费用合计65 000元：

借：在建工程——A设备安装工程(设备费)　　61 000
　　　　　　　　　　　　　　　　　(人工费)　　4 000
　　贷：银行存款——人民币（A银行）　　　　60 000
　　　　库存现金——人民币　　　　　　　　　5 000

2. 安装完工、验收合格交付使用后，按实际成本转账：

借：固定资产——机器设备（A设备）　　　　65 000
　　贷：在建工程——A设备安装工程(设备费)　　61 000
　　　　　　　　　　　　　　　　　(人工费)　　4 000

二、自行建造的固定资产

[例13－17] 波涛奶牛养殖专业合作社新建牛棚10幢，购入建筑A材

料一批，支付价款共计 600 000 元，全部用 A 银行存款支付，建设过程中领用建筑 A 材料 500 000 元，为牛棚建设应付甲单位劳务费用 50 000 元，款尚未支付，另以 A 银行存款支付工程水电费 7 000 元。工程完工，验收并交付使用。相关会计处理如下：

1. 购入工程用建筑材料时：

借：产品物资——A 材料　　　　　　　　　　600 000
　　贷：银行存款——人民币（A 银行）　　　　　600 000

2. 工程开工，领用 A 建筑材料时：

借：在建工程——牛棚工程（材料费）　　　　500 000
　　贷：产品物资——A 材料　　　　　　　　　500 000

3. 应付建设工程劳务费用：

借：在建工程——牛棚工程（人工费）　　　　 50 000
　　贷：应付款——单位（甲单位）　　　　　　 50 000

4. 支付工程水电费时：

借：在建工程——牛棚工程（管理费）　　　　　7 000
　　贷：银行存款——人民币（A 银行）　　　　　7 000

5. 牛棚工程完工，验收合格后交付使用时：

借：固定资产——房屋建筑物（牛棚）　　　　557 000
　　贷：在建工程——牛棚工程（材料费）　　　 500 000
　　　　　　　——牛棚工程（人工费）　　　　 50 000
　　　　　　　——牛棚工程（管理费）　　　　　7 000

三、改建、扩建的固定资产

[例 13-18] 波涛奶牛养殖专业合作社为了扩大生产规模，决定对原有牛棚进行扩建，该牛棚的原值为 700 000 元，已提折旧 200 000 元，以银行存款支付拆除费用 50 000 元，收回材料变价收入 10 000 元存入 A 银行。该牛棚扩建承包给甲建筑公司，合同规定一次性支付其扩建材料、人工及管理费等价款共计 500 000 元。

1. 将原牛棚转入扩建：

借：在建工程——牛棚工程（材料费）　　　　500 000
　　累计折旧——房屋建筑物（牛棚）　　　　 200 000

　　　　贷：固定资产——房屋建筑物（牛棚）　　　　　　700 000
　2. 支付拆除费用时：
　　借：在建工程——牛棚工程（管理费）　　　　　　50 000
　　　　贷：银行存款——人民币（A银行）　　　　　　50 000
　3. 收到拆除材料的变价收入时：
　　借：银行存款——人民币（A银行）　　　　　　10 000
　　　　贷：在建工程——牛棚工程（材料费）　　　　10 000
　4. 以银行存款支付承包单位承包费用时：
　　借：在建工程——牛棚工程（管理费）　　　　　　500 000
　　　　贷：银行存款——人民币（A银行）　　　　　　500 000
　5. 扩建工程完工验收合格，牛棚交付使用时：
　　借：固定资产——房屋建筑物（牛棚）　　　　　　1 040 000
　　　　贷：在建工程——牛棚工程（材料费）　　　　490 000
　　　　　　　——牛棚工程（管理费）　　　　　　550 000

四、投资者投入的固定资产

[例13-19] 波涛奶牛养殖专业合作社收到村民张波投入全新的B设备一台，确认价格为10 000元，经过全体成员批准，张波拥有以专业合作社注册资本份额计算的资本金额8 000元。

　　借：固定资产——机器设备（B设备）　　　　　　10 000
　　　　贷：股金——张波　　　　　　　　　　　　　8 000
　　　　　　资本公积——股金溢价　　　　　　　　　2 000

五、接受捐赠的固定资产

[例13-20] 波涛奶牛养殖专业合作社接受某单位捐赠已使用过的A设备一台，原价4 000元，目前市场同类产品估价3 500元，合作社负担运费100元。

计算合作社接受甲公司捐赠A设备成本，以市场同类A设备估价加上由合作社负担的各项费用合计：3 500 + 100 = 3 600（元）。

　　借：固定资产——机器设备（A设备）　　　　　　3 600

贷：专项基金——甲公司捐赠资金　　　　　　　　　　3 500
　　　　库存现金——人民币　　　　　　　　　　　　　　　100

六、国家财政直接补助资金形成固定资产

[例13-21] 波涛奶牛养殖专业合作社接受国家补助建牛舍项目资金100 000元，项目规定该项资金全部用于建造牛棚，合作社购买建牛棚用建筑A材料50 000元，A设备80 000元，建设牛棚过程中，领用建筑A材料金额总计50 000元，用A银行存款支付建筑工人劳务费20 000元，牛棚建设后期，领用A设备进行安装，并支付安装费用5 000元，全部工程支付水电费5 000元，牛棚建设完毕验收合格，投入使用。

1. 收到国家补助资金时：
   借：银行存款——人民币（A银行）　　　　　　　　　100 000
   　　贷：专项应付款——建牛舍财政补助资金　　　　　　　100 000
2. 购买建筑材料时：
   借：产品物资——A材料　　　　　　　　　　　　　　50 000
   　　贷：银行存款——人民币（A银行）　　　　　　　　　50 000
3. 购买A设备时：
   借：库存物资——A设备　　　　　　　　　　　　　　80 000
   　　贷：银行存款——人民币（A银行）　　　　　　　　　80 000
4. 建设牛棚，领用建筑材料时：
   借：在建工程——牛棚工程（材料费）　　　　　　　　50 000
   　　贷：产品物资——A材料　　　　　　　　　　　　　　50 000
5. 支付工人劳务费时：
   借：在建工程——牛棚工程（人工费）　　　　　　　　20 000
   　　贷：银行存款——人民币（A银行）　　　　　　　　　20 000
6. 领用并安装A设备时：
   借：在建工程——牛棚工程（设备费用）　　　　　　　85 000
   　　贷：库存物资——A设备　　　　　　　　　　　　　　80 000
   　　　　银行存款——人民币（A银行）　　　　　　　　　5 000
7. 支付工程水电费时：
   借：在建工程——牛棚工程（管理费）　　　　　　　　5 000

　　　　贷：银行存款——人民币（A银行）　　　　　　5 000
　　8. 工程完工，交付使用时：
　　　　借：固定资产——房屋建筑物（牛棚）　　　　75 000
　　　　　　　　　——机器设备（A设备）　　　　　　85 000
　　　　　　贷：在建工程——牛棚工程（材料费）　　　50 000
　　　　　　　　　　　　——牛棚工程（人工费）　　　20 000
　　　　　　　　　　　　——牛棚工程（设备费）　　　85 000
　　　　　　　　　　　　——牛棚工程（管理费）　　　 5 000
　　同时：
　　　　借：专项应付款——建牛舍财政补助资金　　　100 000
　　　　　　贷：专项基金——建牛舍财政补助资金　　　100 000

七、固定资产折旧的核算

　　[例 13-22] 波涛奶牛养殖专业合作社本季度应计提固定资产折旧额 30 000 元。其中，生产经营用固定资产（房屋建筑物 20 000 元、机器设备 5 000 元）折旧 25 000 元，管理用固定资产（房屋建筑物 2 000 元、办公设备 1 000 元）折旧 3 000 元，公益性固定资产（房屋建筑物 1 000 元、办公设备 1 000 元）折旧 2 000 元。

　　　　借：生产成本——生产费用成本——牛奶（制造费用）
　　　　　　　　　　　　　　　　　　　　　　　　　　25 000
　　　　　　　管理费用——管理用固定资产折旧费　　　　 3 000
　　　　　　　其他支出——公益性用固定资产折旧费　　　 2 000
　　　　　　贷：累计折旧——房屋建筑物　　　　　　　　23 000
　　　　　　　　　　　　——机器设备　　　　　　　　　 5 000
　　　　　　　　　　　　——办公设备　　　　　　　　　 2 000

八、固定资产减少的核算

　　1. 出售固定资产的核算。

　　[例 13-23] 波涛奶牛养殖专业合作社将一台不需用的 A 载货汽车对外出售。其账面原值为 60 000 元，累计已提折旧 24 000 元，协议价 40 000

元,收到价款存入 A 银行,另以现金支付载货汽车运杂费用 500 元。

(1) 载货汽车转入清理,注销原价及累计折旧时:

借:固定资产清理——A 载货汽车	36 000
累计折旧——运输设备(A 载货汽车)	24 000
贷:固定资产——运输设备(A 载货汽车)	60 000

(2) 发生清理费用时:

借:固定资产清理——A 载货汽车	500
贷:库存现金——人民币	500

(3) 出售汽车收入时:

借:银行存款——人民币(A 银行)	40 000
贷:固定资产清理——A 载货汽车	40 000

(4) 结转载货汽车清理净收益时:

借:固定资产清理——A 载货汽车	3 500
贷:其他收入——A 载货汽车变价净收入	3 500

2. 盘亏固定资产的核算。

[例 13-24] 波涛奶牛养殖专业合作社在财产清查中,盘亏柴油机一台,原价 1 500 元,已提折旧 500 元。经查明属保管人员张军看护过失,决定由其赔偿现金 400 元。

借:成员往来——张军	400
其他支出——盘亏柴油机净损失	600
累计折旧——机器设备(柴油机)	500
贷:固定资产——机器设备(柴油机)	1 500

第七节　合作社无形资产的核算

合作社的无形资产是指合作社长期使用但是没有实物形态的资产,包括专利权、商标权、非专利技术等。无形资产按取得时的实际成本计价,并从使用之日起,按照不超过 10 年的期限平均摊销,计入管理费用。转让无形资产取得的收入,计入其他收入;转让无形资产的成本,计入其他支出。

一、无形资产账务处理

无形资产科目核算合作社持有的专利权、商标权、非专利技术等各种无形资产的价值。无形资产应按取得时的实际成本计价。合作社按下列原则确定取得无形资产的实际成本,登记入账:

1. 购入的无形资产,按实际支付的价款时:
借:无形资产——××无形资产
　　贷:库存现金——人民币
　　　　银行存款——人民币(××银行)

2. 自行开发并按法律程序申请取得的无形资产,按依法取得时发生的注册费、律师费等实际支出:
借:无形资产——××无形资产
　　贷:库存现金——人民币
　　　　银行存款——人民币(××银行)

[例 13-25] 某专业合作社自行研制一项果树嫁接栽培技术,研究费用 20 000 元,支付注册费 5 000 元,律师费 1 000 元,均以 A 银行存款支付。

(1) 支付注册费、律师费时:
借:无形资产——果树嫁接栽培技术　　　　6 000
　　贷:银行存款——人民币(A 银行)　　　　　6 000

(2) 支付研究费用时:
借:管理费用——其他　　　　　　　　　　20 000
　　贷:银行存款——人民币(A 银行)　　　　　20 000

3. 接受捐赠的无形资产,按照所附发票所列金额加上应支付的相关税费,无所附单据的,按经过批准的价值:
借:无形资产——××无形资产
　　贷:专项基金——××捐赠资金
　　　　银行存款——人民币(××银行)

4. 投资者投入的无形资产:
借:无形资产——××无形资产【投资各方确认的价值】
　　资本公积——投资溢价【差额】

贷：股金——××成员【经过批准的投资者所应拥有的以合作社注册资本份额计算的资本金额】
　　　　资本公积——投资溢价【差额】

5. 无形资产从使用之日起，按直线法分期平均摊销，摊销年限不应超过10年。摊销时：

　　借：管理费用——无形资产摊销费
　　　　贷：无形资产——××无形资产

6. 出租无形资产所取得的租金收入：

　　借：银行存款——人民币（××银行）
　　　　贷：其他收入——无形资产租金收入

结转出租无形资产的成本时：

　　借：其他支出——其他
　　　　贷：无形资产——××无形资产

（其）出售无形资产，按实际取得的转让价款：

　　借：银行存款——人民币（××银行）
　　　　其他收入——出售无形资产损失【差额】
　　　　贷：无形资产——××无形资产【账面余额】
　　　　　　银行存款——人民币（××银行）【支付的相关税费】
　　　　　　其他收入——出售无形资产收入【差额】

[**例 13-26**] 某专业合作社接受捐赠果树嫁接栽培技术，以 12 000 元入账，按 10 年直线法摊销。

　　计算每月应摊销的价值 = 12 000 ÷ 10 ÷ 12 = 100（元）

　　借：管理费用——无形资产价值摊销　　　　　　100
　　　　贷：无形资产——果树嫁接栽培技术　　　　　　100

二、无形资产科目的设置

"无形资产"科目应按无形资产类别设置明细科目，进行明细核算。本科目期末借方余额，反映合作社所拥有的无形资产摊余价值。

第十四章

合作社负债的核算

合作社的负债分为流动负债和长期负债。合作社的负债按实际发生的数额计价，利息支出计入其他支出。对发生因债权人特殊原因确实无法支付的应付款项，计入其他收入。

合作社应当建立健全借款业务内部控制制度，明确审批人和经办人的权限、程序、责任和相关控制措施。不得由同一人办理借款业务的全过程。

合作社应当对借款业务按章程规定进行决策和审批，并保留完整的书面记录。

合作社应当在借款各环节设置相关的记录、填制相应的凭证，并加强有关单据和凭证的相互核对工作。合作社应当加强对借款合同等文件和凭证的管理。

合作社应当定期或不定期对借款业务内部控制进行监督检查，对发现的薄弱环节，应当及时采取措施，加以纠正和完善。

第一节　合作社流动负债的核算

流动负债是指偿还期在 1 年以内（含 1 年）的债务，包括短期借款、应付款项、应付工资、应付盈余返还、应付剩余盈余等。

一、短期借款的核算

短期借款科目核算合作社从银行、信用社或其他金融机构，以及外部单位和个人借入的期限在 1 年以下（含 1 年）的各种借款。

1. 合作社借入各种短期借款时：

借：库存现金——人民币
　　银行存款——人民币（××银行）
　　贷：短期借款——××单位或××人

2. 合作社发生的短期借款利息支出，直接计入当期损益：

借：其他支出——利息支出
　　贷：库存现金——人民币
　　　　银行存款——人民币（××银行）

3. 归还短期借款时：

借：短期借款——××单位或××人
　　贷：库存现金——人民币
　　　　银行存款——人民币（××银行）

[例 14-1] 波涛奶牛养殖专业合作社向 A 农信社贷款 100 000 元，办完贷款手续后直接存入 A 银行。贷款合同约定，贷款期限为 6 个月，到期一次还本付息，贷款年利率为 5%。

　　借：银行存款——人民币（A 银行）　　　　100 000
　　　　贷：短期借款——A 农信社　　　　　　　　100 000

6 个月到期时，合作社用 A 银行存款偿还该项贷款本息。

利息金额为 100 000 × 5% ×（6 ÷ 12）= 2 500（元），会计分录为：

　　借：短期借款——A 农信社　　　　　　　　100 000
　　　　其他支出——利息支出　　　　　　　　　2 500
　　　　贷：银行存款——人民币（A 银行）　　　　12 500

4. "短期借款" 科目应按借款单位和个人设置明细科目，进行明细核算。本科目期末贷方余额，反映合作社尚未归还的短期借款本金。

二、应付款的核算

"应付款" 科目核算合作社与非成员之间发生的各种应付以及暂收款项，包括因购买产品物资和接受劳务、服务等应付的款项以及应付的赔款、利息等。

1. 合作社发生以上应付以及暂收款项时：

借：库存现金——人民币
　　银行存款——人民币（××银行）
　　产品物资——××产品物资
　　贷：应付款——单位（××单位）
　　　　　　——个人（××人）

2. 合作社偿还应付及暂收款项时：

借：应付款——单位（××单位）
　　　　——个人（××人）
　　贷：库存现金——人民币
　　　　银行存款——人民币（××银行）

3. 合作社确有无法支付的应付款时，按规定程序审批后：

借：应付款——单位（××单位）
　　　　——个人（××人）
　　贷：其他收入——无法支付的应付款

[例14-2] 某合作社赊购外村村民张梅苹果2 000公斤，价款为20 000元。

借：产品物资——苹果　　　　　　　　　　　　20 000
　　贷：应付款——张梅　　　　　　　　　　　　20 000

[例14-3] 某合作社有一笔应付款1 000元，因原债权人A单位撤销确实无法支付，经批准核销。

借：应付款——单位（A单位）　　　　　　　　　1 000
　　贷：其他收入——无法支付的应付款　　　　　1 000

4. "应付款"科目应按发生应付款的非成员单位和个人设置明细账，进行明细核算。本科目期末贷方余额，反映合作社应付但尚未付给非成员的应付及暂收款项。

三、应付工资的核算

"应付工资"科目核算合作社应支付给管理人员及固定员工的工资总额。包括在工资总额内的各种工资、奖金、津贴、补助等，不论是否在当月支付，都应通过本科目核算。

1. 合作社应按劳动工资制度规定，编制"工资表"，计算各种工资。

再由合作社财务会计人员将"工资表"进行汇总，编制"工资汇总表"。

2. 提取工资时，根据人员岗位进行工资分配：

借：生产成本——生产费用成本——××产品（直接人工）
　　管理费用——管理人员的工资
　　在建工程——××工程（人工费）
　　贷：应付工资——工资
　　　　　　　　——奖金
　　　　　　　　——津贴
　　　　　　　　——补助

3. 实际支付工资时：

借：应付工资——工资
　　　　　　——奖金
　　　　　　——津贴
　　　　　　——补助
　　贷：库存现金——人民币

4. 合作社应当设置"应付工资"明细科目，按照管理人员和固定员工的姓名、类别以及应付工资的组成内容进行明细核算。本科目期末一般应无余额，如有贷方余额，反映合作社已提取但尚未支付的工资额。

四、应付盈余返还

"应付盈余返还"科目核算合作社按成员与本社交易量（额）比例返还给成员的盈余，返还给成员的盈余不得低于可分配盈余的60%。

1. 合作社根据章程规定的盈余分配方案，按成员与本社交易量（额）提取返还盈余时：

借：盈余分配——各项分配
　　贷：应付盈余返还——××人

实际支付时：

借：应付盈余返还——××人
　　贷：库存现金——人民币
　　　　银行存款——人民币（××银行）

2. "应付盈余返还"科目应按成员设置明细科目，进行明细核算。本科目期末贷方余额，反映合作社尚未支付的盈余返还。

五、应付剩余盈余的核算

"应付剩余盈余"科目核算合作社以成员账户中记载的出资额和公积金份额，以及本社接受国家财政直接补助和他人捐赠形成的财产平均量化到本社成员的份额，按比例分配给本社成员的剩余可分配盈余。

1. 合作社按交易量（额）返还盈余后，根据章程规定或者成员大会决定分配剩余盈余时：

借：盈余分配——各项分配
　　贷：应付剩余盈余——××人

实际支付时：

借：应付剩余盈余——××人
　　贷：库存现金——人民币
　　　　银行存款——人民币（××银行）

2. "应付剩余盈余"科目应按成员设置明细账，进行明细核算。本科目期末贷方余额，反映合作社尚未支付给成员的剩余盈余。

第二节　合作社长期负债的核算

长期负债是指偿还期超过 1 年以上（不含 1 年）的债务，包括长期借款、专项应付款等。

一、长期借款的核算

"长期借款"科目核算合作社从银行等金融机构及外部单位和个人借入的期限在 1 年以上（不含 1 年）的各项借款。

1. 合作社借入长期借款时：

借：库存现金——人民币
　　银行存款——人民币（××银行）

贷：长期借款——××单位或××人

2. 合作社长期借款利息应按期计提：

借：其他支出——利息支出

  贷：应付款——单位（××单位）

     ——个人（××人）

3. 合作社偿还长期借款时：

借：长期借款——××单位或××人

  贷：库存现金——人民币

    银行存款——人民币（××银行）

支付长期借款利息时：

借：应付款——单位（××单位）

    ——个人（××人）

  贷：库存现金——人民币

    银行存款——人民币（××银行）

[例14-4] 2018年7月1日，某合作社向A农信社贷款200 000元，并已到账。贷款合同约定借款期限为2年，年利率为6%，每半年偿还一次利息，到期时偿还本金和剩余利息。

1. 合作社发生长期借款时：

借：银行存款——人民币（A农信社） 200 000

  贷：长期借款——A农信社 200 000

2. 2018年末计提A农信社贷款利息时：

该项长期贷款利息 = 200 000 × 6% × (6 ÷ 12) = 6 000（元）

借：其他支出——利息支出 6 000

  贷：应付款——单位（A农信社） 6 000

3. 2018年12月31日，合作社按贷款合同约定支付A农信社贷款利息：

借：长期借款——A农信社 6 000

  贷：银行存款——人民币（A农信社） 6 000

4. 2019年6月30日和12月31日计提、支付A农信社贷款利息同上。

5. 待到2020年6月30日时，合作社归还贷款本金及利息：

借：长期借款——A农信社 200 000

  其他支出——利息支出 6 000

  贷：银行存款——人民币（A农信社） 206 000

4."长期借款"科目应按借款单位和个人设置明细账,进行明细核算。本科目期末贷方余额,反映合作社尚未偿还的长期借款本金。

二、专项应付款的核算

"专项应付款"科目核算合作社接受国家财政直接补助的资金。

1. 合作社收到国家财政补助的资金时:

借:库存现金——人民币
　　银行存款——人民币(××银行)
　　贷:专项应付款——××财政补助资金项目

2. 合作社按照国家财政补助资金的项目用途,取得固定资产、农业资产、无形资产等时,按实际支出:

借:固定资产——机器设备(××机器设备)
　　牲畜(禽)资产——幼畜及育肥畜(××畜)
　　　　　　　　　　——产役畜(××畜)
　　林木资产——经济林木(××林木)
　　　　　　——非经济林木(××林木)
　　无形资产——××无形资产
　　贷:库存现金——人民币
　　　　银行存款——人民币(××银行)

同时:

借:专项应付款——××财政补助资金项目
　　贷:专项基金——××财政补助资金

用于开展信息、培训、农产品质量标准与认证、农业生产基础设施建设、市场营销和技术推广等项目支出时:

借:专项应付款——××财政补助资金项目
　　贷:库存现金——人民币
　　　　银行存款——人民币(××银行)

3."专项应付款"科目应按国家财政补助资金项目设置明细科目,进行明细核算。本科目期末贷方余额,反映合作社尚未使用和结转的国家财政补助资金数额。

第十五章

合作社的所有者权益的核算

合作社的所有者权益包括股金、专项基金、资本公积、盈余公积、未分配盈余等。合作社对成员入社投入的资产要按有关规定确认和计量。合作社收到成员入社投入的资产，应按双方确认的价值计入相关资产，按享有合作社注册资本的份额计入股金，双方确认的价值与按享有合作社注册资本的份额计算的金额的差额，计入资本公积。合作社接受国家财政直接补助形成的固定资产、农业资产和无形资产，以及接受他人捐赠、用途不受限制或已按约定使用的资产计入专项基金。合作社从当年盈余中提取的公积金，计入盈余公积。合作社的生产成本是指合作社直接组织生产或对非成员提供劳务等活动所发生的各项生产费用和劳务成本。

第一节 合作社股金、专项基金、资本公积的核算

一、股金的核算

"股金"科目核算合作社通过成员入社出资、投资入股、公积金转增等所形成的股金。

1. 合作社收到成员以货币资金投入的股金：
借：库存现金——人民币【实际收到的金额】
　　银行存款——人民币（××银行）【实际收到的金额】
　　资本公积——股金溢价【差额】

贷：股金【按成员应享有合作社注册资本的份额计算的金额】
　　　资本公积——股金溢价【差额】

2. 合作社收到成员投资入股的非货币资产：

借：产品物资——××产品物资【投资各方确认的价值】
　　固定资产——机器设备（××机器设备）【投资各方确认的价值】
　　无形资产——××无形资产【投资各方确认的价值】
　　资本公积——股金溢价【差额】
　　贷：股金——××成员【按成员应享有合作社注册资本的份额计算的金额】
　　　　资本公积——股金溢价【差额】

3. 合作社按照法定程序减少注册资本或成员退股时：

借：股金——××成员
　　贷：库存现金——人民币
　　　　银行存款——人民币（××银行）
　　　　固定资产——房屋建筑（房屋建筑）
　　　　　　　　——机器设备（××机器设备）
　　　　　　　　——工具器具（××工具器具）
　　　　　　　　——农业基本建设设施（××设施）
　　　　产品物资——××产品物资

同时在有关明细账及备查簿中详细记录股金发生的变动情况。

[例 15-1] 某合作社与张涛签订的投资协议，张涛向该合作社投资 150 000 元，款存入 A 银行。协议约定入股份额占合作社股份的 20%，合作社原有资本 500 000 元。

张涛投入到合作社的 150 000 元资金中，能够作为资本入账的数额是：500 000×20%÷（1-20%）=125 000（元），其余的 25 000 元作为资本溢价。会计分录为：

借：银行存款——人民币（A 银行）　　　　　150 000
　　贷：股金——张涛　　　　　　　　　　　125 000
　　　　资本公积——股金溢价　　　　　　　 25 000

[例 15-2] 某合作社收到村民张波投入甲材料一批。评估确认价 100 000 元。

借：产品物资——甲材料　　　　　　　　　　100 000

　　　　贷：股金——张波　　　　　　　　　　　　　　　　　　100 000
　　4. 成员按规定转让出资的，应在成员账户和有关明细账及备查簿中记录受让方。
　　5. "股金"科目应按成员设置明细科目，进行明细核算。本科目期末贷方余额，反映合作社实有的股金数额。

二、专项基金的核算

"专项基金"科目核算合作社通过国家财政直接补助转入和他人捐赠形成的专项基金。

1. 合作社使用国家财政直接补助资金取得固定资产、农业资产和无形资产等时，按实际使用国家财政直接补助资金的数额：
　　借：专项应付款——××财政补助资金项目
　　　　贷：专项基金——××财政补助资金
2. 合作社实际收到他人捐赠的货币资金时：
　　借：库存现金——人民币
　　　　银行存款——人民币（××银行）
　　　　贷：专项基金——××捐赠资金

合作社收到他人捐赠的非货币资产时，按照所附发票记载金额加上应支付的相关税费：
　　借：固定资产——机器设备（××机器设备）
　　　　产品物资——××产品物资
　　　　贷：专项基金——××捐赠资金

无所附发票的，按照经过批准的评估价值：
　　借：固定资产——机器设备（××机器设备）
　　　　产品物资——××产品物资
　　　　贷：专项基金——××捐赠资金

[例15-3] 合作社使用国家财政专项补助60 000元建成水果保鲜库房一间，全部支出总计60 000元，其中材料费40 000元、人工费15 000元、管理费5 000元，工程验收完成交付使用。会计分录为：
　　借：固定资产——房屋建筑（水果保鲜库房）　　　　60 000
　　　　贷：在建工程——水果保鲜库房工程（材料费）　　40 000

　　　　　——水果保鲜库房工程（人工费）　　　　15 000
　　　　　——水果保鲜库房工程（管理费）　　　　5 000
　　借：专项应付款——水果保鲜库房财政补助资金项目　60 000
　　　　贷：专项基金——水果保鲜库房财政补助资金　　　60 000

［例15-4］合作社收到县农业局干部职工捐赠现金10 000元。会计分录为：

　　借：库存现金——人民币　　　　　　　　　　10 000
　　　　贷：专项基金——县农业局干部职工捐赠现金　　10 000

［例15-5］合作社收到甲企业捐赠小货车一辆，发票注明价款50 000元、税款6 500元。会计分录为：

　　借：固定资产——运输设备（小货车）　　　　56 500
　　　　贷：专项基金——甲企业捐赠小货车　　　　　56 500

3. "专项基金"科目应按专项基金的来源设置明细科目，进行明细核算。本科目期末贷方余额，反映合作社实有的专项基金数额。

三、资本公积的核算

"资本公积"科目核算合作社形成的资本公积。

1. 成员入社投入货币资金和实物资产时：

借：库存现金——人民币【实际收到的金额】
　　银行存款——人民币（××银行）【实际收到的金额】
　　固定资产——机器设备（××机器设备）【投资各方确认的价值】
　　产品物资——××产品物资【投资各方确认的价值】
　　资本公积——股金溢价【差额】
　　贷：股金——××成员【按其应享有合作社注册资本的份额计算
　　　　　　的金额】
　　　　资本公积——股金溢价【差额】

2. 合作社以实物资产方式进行对外投资时：

借：对外投资——其他投资（××单位）【投资各方确认的价值】
　　资本公积——股金溢价【差额】
　　贷：固定资产——机器设备（××机器设备）【投出实物资产的
　　　　　　账面余额】

产品物资——××产品物资【投出实物资产的账面余额】
　　资本公积——股金溢价【差额】

3. 合作社用资本公积转增股金时：
借：资本公积——转增股金
　　贷：股金——××成员

[例15-6] 根据合作社和村民张涛签订的投资协议，张涛向合作社投资 200 000 元，款存入 A 银行。协议约定入股份额占合作社股份的 20%，合作社原有资本 800 000 元。

张涛投入到合作社的资金 200 000 元中，能够作为资本入账的数额是：800 000×20% = 160 000 元，其余的 40 000 元，只能作为资本溢价，记入"资本公积——股金溢价"账户。会计分录为：

借：银行存款——人民币（A 银行）　　　　200 000
　　贷：股金——张涛　　　　　　　　　　　　160 000
　　　　资本公积——股金溢价　　　　　　　　 40 000

[例15-7] 合作社收到村民张波投入甲材料一批。评估确认价 100 000 元。
借：产品物资——甲材料　　　　　　　　100 000
　　贷：股金——张波　　　　　　　　　　　　100 000

4. "资本公积"科目应按资本公积的来源设置明细科目，进行明细核算。本科目期末贷方余额，反映合作社实有的资本公积数额。

第二节　合作社盈余公积、本年盈余、未分配盈余的核算

一、盈余公积的核算

"盈余公积"科目核算合作社从盈余中提取的盈余公积。

1. 合作社提取盈余公积时：
借：盈余分配——各项分配（提取盈余公积金）
　　贷：盈余公积——提取额

2. 合作社用盈余公积转增股金或弥补亏损等时：

借：盈余公积——转增股金
　　　　　——弥补亏损
　贷：股金——××成员
　　　盈余分配——未分配盈余

[例 15 - 8] 年终，合作社从当年盈余中提取盈余公积金 200 000 元。会计分录为：

借：盈余分配——各项分配（提取盈余公积金）　　200 000
　贷：盈余公积——提取额　　　　　　　　　　　　　　200 000

2. 合作社按有关规定，用盈余公积 100 000 元转增股金，其中张波 50 000 元、张涛 50 000 元；用盈余公积 50 000 元弥补亏损。

借：盈余公积——转增股金　　　　　　　　　　100 000
　　　　　——弥补亏损　　　　　　　　　　　　50 000
　贷：股金——张波　　　　　　　　　　　　　　50 000
　　　　　——张涛　　　　　　　　　　　　　　50 000
　　　盈余分配——未分配盈余　　　　　　　　　50 000

3. "盈余公积"科目应按用途设置明细科目，进行明细核算。本科目期末贷方余额，反映合作社实有的盈余公积数额。

二、本年盈余

"本年盈余"科目核算合作社本年度实现的盈余。

1. 会计期末结转盈余时，应将"经营收入""其他收入"科目的余额转入本科目的贷方：

借：经营收入——销售产品收入（××产品收入）
　　　　　——劳务服务收入（××劳务服务收入）
　　　　　——代购代销收入（××代购代销收入）
　　其他收入——××收入
　贷：本年盈余

同时将"经营支出""管理费用""其他支出"科目的余额转入本科目的借方：

借：本年盈余

贷：经营支出——销售产品支出（××产品支出）
　　　　　　——劳务服务支出（××劳务服务支出）
　　　　　　——代购代销支出（××代购代销支出）
　　管理费用——管理人员的工资
　　　　　——办公费
　　　　　——差旅费
　　　　　——管理用固定资产折旧费
　　　　　——业务招待费
　　　　　——无形资产摊销费
　　其他支出——农业资产死亡毁损
　　　　　——农业资产死亡损失
　　　　　——固定资产及产品物资的盘亏
　　　　　——固定资产及产品物资的损失
　　　　　——罚款支出
　　　　　——利息支出
　　　　　——无法收回的应收款
　　　　　——其他

"投资收益"科目的净收益转入本科目的贷方：

借：投资收益——其他投资损失
　　贷：本年盈余

如为投资净损失，转入本年盈余科目的借方：

借：本年盈余
　　贷：投资收益——股票投资收益
　　　　　　——债券投资收益
　　　　　　——其他投资收益

2. 年度终了，应将本年收入和支出相抵后结出的本年实现的净盈余，转入"盈余分配"科目：

借：本年盈余
　　贷：盈余分配——未分配盈余

如为净亏损，做相反会计分录，结转后本科目应无余额。

三、盈余分配的核算

"盈余分配"科目核算合作社当年盈余的分配（或亏损的弥补）和历年分配后的结存余额。本科目设置"各项分配"和"未分配盈余"两个二级科目。

1. 合作社用盈余公积弥补亏损时：

借：盈余公积——弥补亏损
　　贷：盈余分配——未分配盈余

2. 按规定提取盈余公积时：

借：盈余分配——各项分配
　　贷：盈余公积——提取额

3. 按交易量（额）向成员返还盈余时：

借：盈余分配——各项分配
　　贷：应付盈余返还——××人

4. 以合作社成员账户中记载的出资额和公积金份额，以及本社接受国家财政直接补助和他人捐赠形成的财产平均量化到成员的份额，按比例分配剩余盈余时：

借：盈余分配——各项分配
　　贷：应付剩余盈余——××人

5. 年终，合作社应将全年实现的盈余总额，自"本年盈余"科目转入本科目

借：本年盈余
　　贷：盈余分配——未分配盈余

如为净亏损，做相反会计分录。同时，将本科目下的"各项分配"明细科目的余额转入本科目"未分配盈余"明细科目：

借：盈余分配——未分配盈余
　　贷：盈余分配——各项分配

年度终了，本科目的"各项分配"明细科目应无余额，"未分配盈余"明细科目的贷方余额表示未分配的盈余，借方余额表示未弥补的亏损。

[例 15 – 9] 合作社本年度实现盈余 100 000 元，根据经批准的盈余分配方案，按本年盈余的 5% 提取公积金。提取盈余公积后，当年可分配盈

余的70%按成员与本社交易额比例返还给成员，其余部分根据成员账户记录的成员出资额和公积金份额，以及国家财政直接补助和他人捐赠形成的财产按比例分配给全体成员。

（1）结转本年盈余：

借：本年盈余 100 000
　　贷：盈余分配——未分配盈余 100 000

（2）提取盈余公积时，按规定比例计算出提取金额100 000×5% = 5 000（元）：

借：盈余分配——各项分配 5 000
　　贷：盈余公积——提取额 5 000

（3）按成员与本社交易额比例返还给成员总额为：（100 000 - 5 000）×70% = 66 500（元），按成员与本社交易额比例返还盈余时，根据成员账户记录的成员与本社交易额比例，分别计算出返还给每个成员的金额为：张波30 000元、张涛20 000元、张洪16 500元。

借：盈余分配——各项分配——盈余返还 66 500
　　贷：应付盈余返还——张波 30 000
　　　　　　　　　　——张涛 20 000
　　　　　　　　　　——张洪 16 500

（4）剩余盈余总额为：100 000 - 5 000 - 66 500 = 28 500（元），分配剩余盈余时，根据成员账户记录的成员出资额和公积金份额，以及国家财政直接补助和他人捐赠形成的财产平均量化到成员的份额。按比例分别计算出分配给每个成员的金额为：张波28 500×40% = 11 400（元）、张涛28 500×30% = 8 550（元）、张洪28 500×30% = 8 550（元）。

借：盈余分配——各项分配
　　贷：应付剩余盈余——张波 11 400
　　　　　　　　　　——张涛 8 550
　　　　　　　　　　——张洪 8 550

（5）结转各项分配：

借：盈余分配——未分配盈余 100 000
　　贷：盈余分配——各项分配 100 000

6. "盈余分配"科目应按盈余的用途设置明细科目，进行明细核算。本科目余额为合作社历年积存的未分配盈余（或未弥补亏损）。

第十六章

合作社成本、损益的核算

第一节 合作社成本、收入的核算

合作社的经营收入是指合作社为成员提供农业生产资料的购买，农产品的销售、加工、运输、贮藏以及与农业生产经营有关的技术、信息等服务取得的收入，以及销售合作社自己生产的产品、对非成员提供劳务等取得的收入。合作社一般应于产品物资已经发出，服务已经提供，同时收讫价款或取得收取价款的凭据时，确认经营收入的实现。

合作社的其他收入是指除经营收入以外的收入。

一、生产成本的核算

"生产成本"科目核算合作社直接组织生产或提供劳务服务所发生的各项生产费用和劳务服务成本。

1. 合作社发生各项生产费用和劳务服务成本时，应按成本核算对象和成本项目分别归集：

借：生产成本——生产费用成本——××产品（直接材料）
　　　　　　　　　　　　　——××产品（直接人工）
　　　　　　　　　　　　　——××产品（制造费用）
　　　　　——劳务服务成本——××项目（材料费）
　　　　　　　　　　　　　——××项目（人工费）
　　　　　　　　　　　　　——××项目（管理费）

贷：库存现金——人民币
　　银行存款——人民币（××银行）
　　产品物资——××产品物资
　　应付工资——工资
　　　　　　——奖金
　　　　　　——津贴
　　　　　　——补助
　　成员往来——××成员
　　应付款——单位（××单位）
　　　　　——个人（××人）

2. 会计期间终了，合作社已经生产完成并已验收入库的产成品，按实际成本：
借：产品物资——××产品物资
　　贷：生产成本——生产费用成本——××产品（直接材料）
　　　　　　　　　　　　　　　　——××产品（直接人工）
　　　　　　　　　　　　　　　　——××产品（制造费用）

3. 合作社提供劳务服务实现销售时：
借：经营支出——劳务服务支出（××劳务服务支出）
　　贷：生产成本——劳务服务成本——××项目（材料费）
　　　　　　　　　　　　　　　　——××项目（人工费）
　　　　　　　　　　　　　　　　——××项目（管理费）

4. "生产成本"科目应按生产费用和劳务服务成本种类设置明细科目，进行明细核算。本科目期末借方余额，反映合作社尚未生产完成的各项在产品和尚未完成的劳务服务成本。

二、经营收入的核算

"经营收入"科目核算合作社销售产品、提供劳务，以及为成员代购代销、向成员提供技术、信息服务等活动取得的收入。

1. 合作社实现经营收入时，应按实际收到或应收的价款：
借：库存现金——人民币
　　银行存款——人民币（××银行）

　　　　应收款——单位（××单位）
　　　　　　　——个人（××人）
　　　　成员往来——××成员
　　　贷：经营收入——销售产品收入（××产品收入）
　　　　　　　　——劳务服务收入（××劳务服务收入）
　　　　　　　　——代购代销收入（××代购代销收入）
　　2."经营收入"科目应按经营项目设置明细科目，进行明细核算。年终，应将本科目的余额转入"本年盈余"科目的贷方，结转后本科目应无余额。

三、其他收入的核算

"经营收入"科目核算合作社除经营收入以外的其他收入。
　　1. 合作社发生其他收入时：
　　借：库存现金——人民币
　　　　银行存款——人民币（××银行）
　　　贷：其他收入——××收入
　　2."其他收入"科目应按其他收入的来源设置明细科目，进行明细核算。年终，应将本科目的余额转入"本年盈余"科目的贷方，结转后本科目应无余额。

四、投资收益的核算

"投资收益"科目核算合作社对外投资取得的收益或发生的损失。
　　1. 合作社取得投资收益时：
　　借：库存现金——人民币
　　　　银行存款——人民币（××银行）
　　　贷：投资收益——其他投资收益
　　到期收回或转让对外投资时：
　　借：库存现金——人民币【实际取得的价款】
　　　　银行存款——人民币（××银行）【实际取得的价款】
　　　　投资收益——其他投资损失【差额】

贷：对外投资——其他投资（××单位）【账面余额】
　　　投资收益——其他投资收益【差额】

2. "投资收益"科目应按投资项目设置明细科目，进行明细核算。年终，应将本科目的余额转入"本年盈余"科目的贷方；如为净损失，转入"本年盈余"科目的借方，结转后本科目应无余额。

第二节　合作社支出的核算

合作社的经营支出是指合作社为成员提供农业生产资料的购买，农产品的销售、加工、运输、贮藏以及与农业生产经营有关的技术、信息等服务发生的实际支出，以及因销售合作社自己生产的产品、对非成员提供劳务等活动发生的实际成本。

管理费用是指合作社管理活动发生的各项支出，包括管理人员的工资、办公费、差旅费、管理用固定资产的折旧、业务招待费、无形资产摊销等。

其他支出是指合作社除经营支出、管理费用以外的支出。

合作社的本年盈余按照下列公式计算：

本年盈余＝经营收益＋其他收入－其他支出

其中：

经营收益＝经营收入＋投资收益－经营支出－管理费用

投资收益是指投资所取得的收益扣除发生的投资损失后的数额。

投资收益包括对外投资分得的利润、现金股利和债券利息，以及投资到期收回或者中途转让取得款项高于账面余额的差额等。投资损失包括投资到期收回或者中途转让取得款项低于账面余额的差额。

合作社在进行年终盈余分配工作以前，要准确地核算全年的收入和支出；清理财产和债权、债务，真实完整地登记成员个人账户。

一、经营支出的核算

"经营支出"科目核算合作社因销售产品、提供劳务，以及为成员代购代销，向成员提供技术、信息服务等活动发生的支出。

1. 合作社发生经营支出时：

借：经营支出——销售产品支出（××产品支出）
　　　　　　——劳务服务支出（××劳务服务支出）
　　　　　　——代购代销支出（××代购代销支出）
　　贷：产品物资——××产品物资
　　　　生产成本——生产费用成本——××产品（直接材料）
　　　　　　　　　　　　　　　　——××产品（直接人工）
　　　　　　　　　　　　　　　　——××产品（制造费用）
　　　　　　　　——劳务服务成本——××项目（材料费）
　　　　　　　　　　　　　　　　——××项目（人工费）
　　　　　　　　　　　　　　　　——××项目（管理费）
　　　　应付工资——工资
　　　　　　　　——奖金
　　　　　　　　——津贴
　　　　　　　　——补助
　　　　成员往来——××成员
　　　　应付款——单位（××单位）
　　　　　　　——个人（××人）

2. "经营支出"科目应按经营项目设置明细科目，进行明细核算。年终，应将本科目的余额转入"本年盈余"科目的借方，结转后本科目应无余额。

二、管理费用的核算

"管理费用"科目核算合作社为组织和管理生产经营活动而发生的各项支出，包括合作社管理人员的工资、办公费、差旅费、管理用固定资产的折旧、业务招待费、无形资产摊销等。

1. 合作社发生管理费用时：

借：管理费用——管理人员的工资
　　　　　　——办公费
　　　　　　——差旅费

　　　　　——管理用固定资产折旧费
　　　　　——业务招待费
　　　　　——无形资产摊销费
　　贷：应付工资——工资
　　　　　　　　——奖金
　　　　　　　　——津贴
　　　　　　　　——补助
　　　　库存现金——人民币
　　　　银行存款——人民币（××银行）
　　　　累计折旧——房屋建筑（房屋建筑）
　　　　　　　　——机器设备（××机器设备）
　　　　　　　　——工具器具（××工具器具）
　　　　　　　　——农业基本建设设施（××设施）
　　　　无形资产——××无形资产

　　2."管理费用"科目应按管理费用的项目设置明细科目，进行明细核算。年终，应将本科目的余额转入"本年盈余"科目的借方，结转后本科目应无余额。

三、其他支出

　　"其他支出"科目核算合作社发生的除"经营支出""管理费用"科目以外的其他各项支出，如农业资产死亡毁损支出、损失、固定资产及产品物资的盘亏、损失、罚款支出、利息支出、捐赠支出、无法收回的应收款项损失等。

　　1. 合作社发生其他支出时：
　　借：其他支出——农业资产死亡毁损
　　　　　　　　——农业资产死亡损失
　　　　　　　　——固定资产及产品物资的盘亏
　　　　　　　　——固定资产及产品物资的损失
　　　　　　　　——罚款支出
　　　　　　　　——利息支出
　　　　　　　　——无法收回的应收款

　　　　　——其他
　　贷：库存现金——人民币
　　　　银行存款——人民币（××银行）
　　　　产品物资——××产品物资
　　　　累计折旧——房屋建筑（房屋建筑）
　　　　　　　——机器设备（××机器设备）
　　　　　　　——工具器具（××工具器具）
　　　　　　　——农业基本建设设施（××设施）
　　　　应付款——单位（××单位）
　　　　　　——个人（××人）
　　　　固定资产清理——××固定资产

2. "其他支出"科目应按其他支出的项目设置明细科目，进行明细核算。年终，应将本科目的余额转入"本年盈余"科目的借方，结转后本科目应无余额。

第十七章

会计报表

会计报表是反映合作社某一特定日期财务状况和某一会计期间经营成果的书面报告。合作社应按照规定准确、及时、完整地编制会计报表，向登记机关、农村经营管理部门和有关单位报送，并按时置备于办公地点，供成员查阅。

合作社应编制资产负债表、盈余及盈余分配表、成员权益变动表、科目余额表和收支明细表、财务状况说明书等。合作社应按登记机关规定的时限和要求，及时报送资产负债表、盈余及盈余分配表和成员权益变动表。

各级农村经营管理部门，应对所辖地区报送的合作社资产负债表、盈余及盈余分配表和成员权益变动表进行审查，然后逐级汇总上报，同时附送财务状况说明书，按规定时间报农业部。

第一节 资产负债表

资产负债表、盈余及盈余分配表和成员权益变动表格式及编制说明如下，科目余额表和收支明细表的格式及编制说明由各省、自治区、直辖市财政部门和农村经营管理部门根据本制度进行规定。

一、资产负债表格式（见表 17-1）

表 17-1　　　　　　　　　　资产负债表
　　　　　　　　　　　　　　年__月__日

会农社 01 表

编制单位：　　　　　　　　　　　　　　　　　　　　　　　　单位：元

资产	行次	年初数	年末数	负债及所有者权益	行次	年初数	年末数
流动资产：				流动负债：			
货币资金	1			短期借款	30		
应收款项	5			应付款项	31		
存货	6			应付工资	32		
流动资产合计	10			应付盈余返还	33		
				应付剩余盈余	35		
长期资产：				流动负债合计	36		
对外投资	11						
农业资产：							
牲畜（禽）资产	12			长期负债：			
林木资产	13			长期借款	40		
农业资产合计	15			专项应付款	41		
固定资产：				长期负债合计	42		
固定资产原值	16			负债合计	43		
减：累计折旧	17						
固定资产净值	20						
固定资产清理	21			所有者权益：			
在建工程	22			股金	44		
固定资产合计	25			专项基金	45		
其他资产：				资本公积	46		
无形资产	27			盈余公积	47		
长期资产合计	28			未分配盈余	50		
				所有者权益合计	51		
资产总计	29			负债和所有者权益总计	54		

补充资料：

项目	金额
无法收回、尚未批准核销的应收款项	
盘亏、毁损和报废、尚未批准核销的存货	
无法收回、尚未批准核销的对外投资	
死亡毁损、尚未批准核销的农业资产	
盘亏、毁损和报废、尚未批准核销的固定资产	
毁损和报废、尚未批准核销的在建工程	
注销和无效、尚未批准核销的无形资产	

二、资产负债表编制说明

1. 本表反映合作社一定日期全部资产、负债和所有者权益状况。

2. 本表"年初数"栏内各项数字，应根据上年末资产负债表"年末数"栏内所列数字填列。如果本年度资产负债表规定的各个项目的名称和内容同上年度不一致，应对上年末资产负债表各项目的名称和数字按照本年度的规定进行调整，填入本表"年初数"栏内，并加以书面说明。

3. 本表"年末数"各项目的内容及其填列方法：

（1）"货币资金"项目，反映合作社库存现金、银行结算账户存款等货币资金的合计数。本项目应根据"库存现金""银行存款"科目的年末余额合计填列。

（2）"应收款项"项目，反映合作社应收而未收回和暂付的各种款项。本项目应根据"应收款"和"成员往来"各明细科目年末借方余额合计数合计填列。

（3）"存货"项目，反映合作社年末在库、在途和在加工中的各项存货的价值，包括各种材料、燃料、机械零配件、包装物、种子、化肥、农药、农产品、在产品、半成品、产成品等。本项目应根据"产品物资""受托代销商品""受托代购商品""委托加工物资""委托代销商品""生产成本"科目年末余额合计填列。

（4）"对外投资"项目，反映合作社的各种投资的账面余额。本项目应根据"对外投资"科目的年末余额填列。

（5）"牲畜（禽）资产"项目，反映合作社购入或培育的幼畜及育肥畜和产役畜的账面余额。本项目应根据"牲畜（禽）资产"科目的年末余额填列。

（6）"林木资产"项目，反映合作社购入或营造的林木的账面余额。本项目应根据"林木资产"科目的年末余额填列。

（7）"固定资产原值"项目和"累计折旧"项目，反映合作社各种固定资产原值及累计折旧。这两个项目应根据"固定资产"科目和"累计折旧"科目的年末余额填列。

（8）"固定资产清理"项目，反映合作社因出售、报废、毁损等原因转入清理但尚未清理完毕的固定资产的账面净值，以及固定资产清理过程中所发生的清理费用和变价收入等各项金额的差额。本项目应根据"固定资产清理"科目的年末借方余额填列；如为贷方余额，本项目数字应以"－"号表示。

（9）"在建工程"项目，反映合作社各项尚未完工或虽已完工但尚未办理竣工决算和交付使用的工程项目实际成本。本项目应根据"在建工程"科目的年末余额填列。

（10）"无形资产"项目，反映合作社持有的各项无形资产的账面余额。本项目应根据"无形资产"科目的年末余额填列。

（11）"短期借款"项目，反映合作社借入尚未归还的一年期以下（含一年）的借款。本项目应根据"短期借款"科目的年末余额填列。

（12）"应付款项"项目，反映合作社应付而未付及暂收的各种款项。本项目应根据"应付款"科目年末余额和"成员往来"各明细科目年末贷方余额合计数合计填列。

（13）"应付工资"项目，反映合作社已提取但尚未支付的人员工资。本项目应根据"应付工资"科目的年末余额填列。

（14）"应付盈余返还"项目，反映合作社按交易量（额）应支付但尚未支付给成员的可分配盈余返还。本项目应根据"应付盈余返还"科目的年末余额填列。

（15）"应付剩余盈余"项目，反映合作社以成员账户中记载的出资额和公积金份额，以及本社接受国家财政直接补助和他人捐赠形成的财产平均量化到本社成员的、应支付但尚未支付给成员的剩余盈余。本项目应根据"应付剩余盈余"科目的年末余额填列。

（16）"长期借款"项目，反映合作社借入尚未归还的一年期以上（不含一年）的借款。本项目应根据"长期借款"科目的年末余额填列。

（17）"专项应付款"项目，反映合作社实际收到国家财政直接补助而尚未使用和结转的资金数额。本项目应根据"专项应付款"科目的年末余额填列。

（18）"股金"项目，反映合作社实际收到成员投入的股金总额。本项目应根据"股金"科目的年末余额填列。

（19）"专项基金"项目，反映合作社通过国家财政直接补助转入和他人捐赠形成的专项基金总额。本项目应根据"专项基金"科目年末余额填列。

（20）"资本公积"项目，反映合作社资本公积的账面余额。本项目应根据"资本公积"科目的年末余额填列。

（21）"盈余公积"项目，反映合作社盈余公积的账面余额。本项目应根据"盈余公积"科目的年末余额填列。

（22）"未分配盈余"项目，反映合作社尚未分配的盈余。本项目应根据"本年盈余"科目和"盈余分配"科目的年末余额计算填列；未弥补的亏损，在本项目内数字以"-"号表示。

第二节　盈余及盈余分配表

盈余及盈余分配表反映合作社一定期间内实现盈余及其分配的实际情况。

一、盈余及盈余分配表格式（见表17-2）

表17-2　　　　　　　　盈余及盈余分配表

年

会农社02表

编制单位：　　　　　　　　　　　　　　　　　　　　　　　　单位：元

项目	行次	金额	项目	行次	金额
本年盈余			盈余分配		
一、经营收入	1		四、本年盈余	16	

续表

项目	行次	金额	项目	行次	金额
加：投资收益	2		加：年初未分配盈余	17	
减：经营支出	5		其他转入	18	
管理费用	6		五、可分配盈余	21	
二、经营收益	10		减：提取盈余公积	22	
加：其他收入	11		盈余返还	23	
减：其他支出	12		剩余盈余分配	24	
三、本年盈余	15		六、年末未分配盈余	28	

二、盈余及盈余分配表编制说明

盈余及盈余分配表主要项目的内容及填列方法如下：

（1）"经营收入"项目，反映合作社进行生产、销售、服务、劳务等活动取得的收入总额。本项目应根据"经营收入"科目的发生额分析填列。

（2）"投资收益"项目，反映合作社以各种方式对外投资所取得的收益。本项目应根据"投资收益"科目的发生额分析填列；如为投资损失，以"－"号填列。

（3）"经营支出"项目，反映合作社进行生产、销售、服务、劳务等活动发生的支出。本项目应根据"经营支出"科目的发生额分析填列。

（4）"管理费用"项目，反映合作社为组织和管理生产经营服务活动而发生的费用。本项目应根据"管理费用"科目的发生额分析填列。

（5）"其他收入"项目和"其他支出"项目，反映合作社除从事主要生产经营活动以外而取得的收入和支出，本项目应根据"其他收入"和"其他支出"科目的发生额分析填列。

（6）"本年盈余"项目，反映合作社本年实现的盈余总额。如为亏损总额，本项目数字以"－"号填列。

（7）"年初未分配盈余"项目，反映合作社上年度未分配的盈余。本项目应根据上年度盈余及盈余分配表中的"年末未分配盈余"数额填列。

(8) "其他转入"项目,反映合作社按规定用公积金弥补亏损等转入的数额。本项目应根据实际转入的公积金数额填列。

(9) "可分配盈余"项目,反映合作社年末可供分配的盈余总额。本项目应根据"本年盈余"项目、"年初未分配盈余"项目和"其他转入"项目的合计数填列。

(10) "提取盈余公积"项目,反映合作社按规定提取的盈余公积数额。本项目应根据实际提取的盈余公积数额填列。

(11) "盈余返还"项目,反映按交易量(额)应返还给成员的盈余。本项目应根据"盈余分配"科目的发生额分析填列。

(12) "剩余盈余分配"项目,反映按规定应分配给成员的剩余可分配盈余。本项目应根据"盈余分配"科目的发生额分析填列。

(13) "年末未分配盈余"项目,反映合作社年末累计未分配的盈余。如为未弥补的亏损,本项目数字以"-"号填列。本项目应根据"可分配盈余"项目扣除各项分配数额的差额填列。

第三节 成员权益变动表

成员权益变动表反映合作社报告年度成员权益增减变动的情况。

一、成员权益变动表格式(见表17-3)

表 17-3　　　　　　　　　成员权益变动表

_____年

会农社03

编制单位:　　　　　　　　　　　　　　　　　　　　　　　　　　单位:元

项目	股金	专项基金	资本公积	盈余公积	未分配盈余	合计
年初余额						
本年增加数						
其中:	其中:	其中:	其中:	其中:		

续表

项目	股金	专项基金	资本公积	盈余公积	未分配盈余	合计
资本公积转赠		国家财政直接补助	股金溢价	从盈余中提取		
盈余公积转赠		接受捐赠转入	资产评估增值			
成员增加出资						
本年减少数						
					其中：	
					按交易量（额）分配的盈余：	
					剩余盈余分配	
年末余额						

二、成员权益变动表编制说明

（1）本表反映合作社报告年度成员权益增减变动的情况。

（2）本表各项目应根据"股金""专项基金""资本公积""盈余公积""盈余分配"科目的。

（3）未分配盈余的本年增加数是指本年实现盈余数（净亏损以"-"号填列）。

第四节 成员账户和财务状况说明书

一、成员账户表格式（见表17-4）

表17-4　　　　　　　　　　　成员账户表

成员姓名：　　　　　　　联系地址：　　　　　　　第　　页

编号	年 月	年 日	摘要	成员出资	公积金份额	形成财产的财政补助资金量化份额	捐赠财产量化份额	交易量		交易额		盈余返还金额	剩余盈余返还金额
								产品1	产品2	产品1	产品2		
1													
2													
3													
4													
5													
年终合计				公积金总额：				盈余返还总额：					

二、成员账户编制说明

（1）本表反映合作社成员入社的出资额、量化到成员的公积金份额、成员与本社的交易量（额）以及返还给成员的盈余和剩余盈余金额。

（2）年初将上年各项公积金数额转入，本年发生公积金份额变化时，按实际发生变化数填列调整。"形成财产的财政补助资金量化份额""捐赠财产量化份额"在年度终了，或合作社进行剩余盈余分配时，根据实际发生情况或变化情况计算填列调整。

（3）成员与合作社发生经济业务往来时，"交易量（额）"按实际发生数填列。

（4）年度终了，以"成员出资""公积金份额""形成财产的财政补助资金量化份额""捐赠财产量化份额"合计数汇总成员应享有的合作社公积金份额，以"盈余返还金额"和"剩余盈余返还金额"合计数汇总成员全年盈余返还总额。

三、财务状况说明书

财务状况说明书是对合作社一定会计期间生产经营、提供劳务服务以及财务、成本情况进行分析说明的书面文字报告。合作社应于年末编制财务状况说明书，对年度内财务状况做出书面分析报告，进行全面系统的分析说明。财务状况说明书没有统一的格式，但其内容至少应涵盖以下几个方面：

1. 合作社生产经营服务的基本情况。

包括：合作社的股金总额、成员总数、农民成员数及所占的比例、主要服务对象、主要经营项目等情况。

2. 成员权益结构。

（1）理事长、理事、执行监事、监事会成员名单及变动情况；

（2）各成员的出资额，量化为各成员的公积金份额，以及成员入社和退社情况；

（3）企事业单位或社会团体成员个数及所占的比例；

（4）成员权益变动情况。

3. 其他重要事项。

（1）变更主要经营项目；

（2）从事的进出口贸易；

（3）重大财产处理、大额举债、对外投资和担保；

（4）接受捐赠；

（5）国家财政支持和税收优惠；

（6）与成员的交易量（额）和与利用其提供的服务的非成员的交易量（额）；

（7）提取盈余公积的比例；

（8）盈余分配方案、亏损处理方案；

（9）未决诉讼、仲裁。